I AL FORNO PRIMI AL FORN ... FO

ESCA & GNOCCHI PASTA FRESCA & ... FRE

ISOTTI & ZUPPE R ... PI

& PANINI PANE, PIZZA & PANINI PANE, PIZZA & PANI

SNACK & STUZZICHINI SALATI SNACK & STUZZICHINI SA

RTE SALATE TORTE SALATE TO

LATE & CONTORNI INSALATE & CONTORNI INSA

OLPETTONI ARROSTI & POLPETTONI ARROSTI & POLPET

NI & BOCCONCINI SPIEDINI, INVOLTINI & B

E & CROCCHETTE POLPETTE & CROCCHETTE POLPETTE &

TI UNICI PIATTI UNICI PIATT

LLE FRITTI, FRITTATE & FRITTELLE FRITTI, FRITTATE

ORTE & CROSTATE TORTE & CRO

& BISCOTTI MUFFIN, DOLCETTI & BISCOTTI MUFFIN, DOLCETT

I AL CUCCHIAIO DOLCI AL CUCCHIAIO DOLCI AL CU

TTA E SUGHI PASTASCIUTTA E SUGHI PASTASCIUT

I AL FORNO PRIMI AL FORNO PRIMI AL FO

ESCA E GNOCCHI PASTA FRESCA E GNOCCHI PASTA FRE

ISOTTI E ZUPPE RISOTTI E ZUPP

& PANINI PANE, PIZZA & PANINI PANE, PIZZA & PANI

SNACK & STUZZICHINI SALATI SNACK & STUZZICHINI SA

RTE SALATE TORTE SALATE TO

molto Bene

Art Director: Francesca Leoneschi
Progetto grafico e impaginazione: Mauro de Toffol /
*the*World*of*DOT
Fotografie © Benedetta Parodi
Fotografia di p. 8 © Pigi Cipelli
Stylist: Emanuela Suma
Truccatrice: Francesca La Torre
Parrucchiera: Lorella Marchetti

ISBN 978-88-17-07735-4

Prima edizione: settembre 2013

Per gli abiti si ringraziano: Pinko, Alberto Bressan

BENEDETTA PARODI

molto Bene

Rizzoli

Alla mia famiglia,
fonte di ogni ispirazione

Sommario

INTRODUZIONE

Ho cercato di organizzare questo libro nella maniera più semplice e golosa possibile! Avete voglia di un piatto di spaghetti da condire in padella con un sugo da perdere la testa? Semplice, andate nella sezione *Pastasciutta e sughi*! Preferite risotto, zuppa o gnocchi? C'è un capitolo anche per questi! E se non sapete che secondo preparare perché siete stufi della solita fettina di carne, potete sfogliare *Spiedini, bocconcini e involtini* e troverete sicuramente l'idea giusta. Anche i dolci sono divisi tra *Torte e crostate, Muffin, dolcetti e biscotti* e *Dolci al cucchiaio,* in maniera da facilitarvi la scelta e darvi l'ispirazione per cimentarvi in qualcosa di nuovo. Insomma, seguendo le ricette di questo libro i vostri piatti riusciranno sicuramente... Molto Bene!

Benedetta

SUGHI PASTASCIUTTA & SUGHI PASTASCIUTTA &
STASCIUTTA & SUGHI PASTASCIUTTA & SUGHI PA
SUGHI PASTASCIUTTA & SUGHI PASTASCIUTTA &
STASCIUTTA & SUGHI PASTASCIUTTA & SUGHI PA
SUGHI PASTASCIUTTA & SUGHI PASTASCIUTTA &
STASCIUTTA & SUGHI PASTASCIUTTA & SUGHI PA
SUGHI PASTASCIUTTA & SUGHI PASTASCIUTTA &
STASCIUTTA & SUGHI PASTASCIUTTA & SUGHI PA
SUGHI PASTASCIUTTA & SUGHI PASTASCIUTTA &
STASCIUTTA & SUGHI PASTASCIUTTA & SUGHI PA
SUGHI PASTASCIUTTA & SUGHI PASTASCIUTTA &
STASCIUTTA & SUGHI PASTASCIUTTA & SUGHI PA
SUGHI PASTASCIUTTA & SUGHI PASTASCIUTTA &
STASCIUTTA & SUGHI PASTASCIUTTA & SUGHI PA
SUGHI PASTASCIUTTA & SUGHI PASTASCIUTTA &
STASCIUTTA & SUGHI PASTASCIUTTA & SUGHI PA
SUGHI PASTASCIUTTA & SUGHI PASTASCIUTTA &
STASCIUTTA & SUGHI PASTASCIUTTA & SUGHI PA
SUGHI PASTASCIUTTA & SUGHI PASTASCIUTTA &
STASCIUTTA & SUGHI PASTASCIUTTA & SUGHI PA
SUGHI PASTASCIUTTA & SUGHI PASTASCIUTTA &
STASCIUTTA & SUGHI PASTASCIUTTA & SUGHI PA
SUGHI PASTASCIUTTA & SUGHI PASTASCIUTTA &
STASCIUTTA & SUGHI PASTASCIUTTA & SUGHI PA

PASTASCIUTTA

& SUGHI

Scolare la pasta, buttarla in padella e farla saltare insieme al sugo... è uno dei momenti di maggiore soddisfazione che si possano avere in cucina!

il pesto di pistacchi

la bisque

PACCHERI CON PESTO DI PISTACCHI E GAMBERI

Avevo già preparato altre volte il pesto di pistacchi, ma non avevo mai pensato di allungarlo con una bisque di gamberi. L'idea me l'ha data lo chef del ristorante *Il Moro* di Monza... Il risultato? Un sugo assolutamente spettacolare!

INGREDIENTI

per 4 persone:

- 320 g di paccheri freschi
- sale

Per la bisque
- 12 gamberi
- 150 g di misto per soffritto
- ½ bicchiere di vino bianco
- ½ bicchiere di brandy
- 1 cucchiaio di farina
- 1 cucchiaino di concentrato di pomodoro

Per il pesto
- 100 g di pistacchi
- 1 manciata di prezzemolo
- ½ bicchiere di olio extravergine
- sale

Per la bisque, rosolare in padella il misto per soffritto con l'olio per qualche minuto. Unire le teste dei gamberi, far tostare brevemente, poi sfumare con il vino bianco e il brandy. Lasciar evaporare, aggiungere la farina e tostare ancora per un minuto. Mettere il concentrato di pomodoro e coprire con acqua fredda, quindi far restringere la bisque sul fuoco per circa 20 minuti. Se durante la cottura si schiacciano per bene le teste dei gamberi con il cucchiaio di legno, la bisque risulterà ancor più saporita. Per il pesto, frullare i pistacchi con il prezzemolo, l'olio e il sale fino a ottenere la giusta consistenza. Se necessario, aggiungere dell'olio in più. Lessare la pasta e, mentre cuoce, trasferire il pesto in una padella e scaldarlo a fuoco dolce allungandolo con un po' di bisque (filtrata attraverso un colino) e con dell'acqua di cottura della pasta. Aggiungere le code dei gamberi e cuocere per qualche minuto. La bisque che avanza si può surgelare! Scolare i paccheri al dente e ripassarli in padella con il condimento.

il pangrattato tostato...
... da aggiungere sul sugo

SPAGHETTI ALLE ACCIUGHE

Rosolare in padella l'aglio e il peperoncino con l'olio. Pulire le acciughe e unirle al soffritto, facendole cuocere dolcemente. Sfumare con il vino e lasciar cuocere ancora per un paio di minuti. Aggiungere i pomodorini tagliati a metà e regolare di sale. Lessare la pasta e, mentre cuoce, tostare il pangrattato in una padella con 2 cucchiai di olio. Scolare la pasta, conservando un bicchiere della sua acqua di cottura, e ripassarla in padella con il sugo di acciughe. Spegnere il fuoco, mantecare con il pecorino e ancora dell'acqua di cottura. Completare con il pangrattato e il prezzemolo, quindi servire.

INGREDIENTI

per 4 persone:

- 320 g di spaghetti
- 150 g di acciughe fresche
- 30 g di pecorino grattugiato
- 7 pomodorini
- 1 spicchio di aglio
- ½ bicchiere di vino bianco
- 4 cucchiai di pangrattato
- prezzemolo tritato qb
- peperoncino qb
- olio extravergine
- sale

La parola d'ordine per questa ricetta è: con gli ingredienti più poveri si possono creare le pastasciutte più ricche!

PASTA CON LARDO E ZUCCA

INGREDIENTI

per 4 persone:

- 300 g di penne
- 300 g di zucca
- 120 g di lardo
- 50 g circa di grana grattugiato
- 1 scalogno
- 1 rametto di rosmarino
- ½ bicchiere di vino bianco
- olio extravergine
- sale

Il gusto salato del lardo e la dolcezza della zucca creano un contrasto divino! Lasciate che il lardo si sciolga dolcemente in padella, poi fate cuocere la zucca finché non comincerà a disfarsi. E quando unirete la pasta, la magia sarà perfetta...

Tritare il lardo con il coltello, in alternativa frullarlo nel mixer fino a ottenere una sorta di poltiglia. Trasferirlo in una padella antiaderente con un cucchiaio di olio e lo scalogno tritato, e lasciarlo rosolare dolcemente. Tagliare la zucca a dadini e aggiungerla al lardo. Salare e cuocere a fuoco dolce per 5 minuti, quindi sfumare con il vino bianco e unire il rosmarino. Lessare le penne e continuare la cottura della zucca, aggiungendo un po' di acqua di cottura della pasta per rendere il condimento leggermente brodoso. Eliminare il rosmarino e frullare grossolanamente la zucca con il frullatore a immersione (direttamente in padella), in modo da ottenere una crema con dei pezzi ancora interi. Scolare le penne e ripassarle nel sugo a fuoco vivace. Togliere dal fuoco e amalgamare il tutto con un po' di grana.

STRASCINATI CON TRIGLIE E PESTO DI ACCIUGHE

I filetti di triglie sono perfetti per creare ottimi sughi: sono saporiti e si sfaldano facilmente creando un meraviglioso effetto ragù. La cosa fondamentale è controllare che non ci siano spine... in questo caso molto sottili, ma anche molto fastidiose!

INGREDIENTI

per 4 persone:

- 350 g di strascinati
- 300 g di filetti di triglie
- 2 cucchiai di olio extravergine
- 1 spicchio di aglio
- 1 gambo di sedano
- sale e pepe

Per il pesto
- 15 foglie di basilico
- 6 foglie di menta
- 3 filetti di acciughe sott'olio
- 1 ciuffo di prezzemolo
- 75 ml di olio extravergine
- sale e pepe

Fare rosolare l'aglio con l'olio in una larga padella. Affettare il sedano a lamelle e unirlo al soffritto. Aggiungere anche le triglie ben spinate e lasciarle rosolare per qualche minuto, spezzettandole con il cucchiaio fino a ottenere una consistenza simile al ragù. Aggiustare di sale e pepe. Quando il sughetto è pronto, eliminare l'aglio. Lessare la pasta e, mentre cuoce, preparare il pesto frullando il basilico con il prezzemolo, la menta, l'olio e i filetti di acciughe. Aggiungere un po' di acqua di cottura della pasta (volendo, si può diminuire l'olio e sostituirlo con l'acqua di cottura per rendere il pesto più liquido e facile da frullare). Scolare la pasta, ripassarla nel sugo di pesce e, a fuoco spento, condirla con il pesto. Se necessario, aggiungere dell'altra acqua di cottura per rendere il condimento più cremoso.

CARBONARA DI TROTA SALMONATA

Le caratteristiche principali della carbonara restano invariate: uova e affumicato. Però, al posto della pancetta io uso la trota salmonata, e poi vado di scorza di arancia per dare al piatto quel tocco di freschezza in più.

INGREDIENTI

per 4 persone:

- 320 g di garganelli
- 300 g di trota salmonata affumicata
- 3 uova
- 2 cucchiai di capperi
- 1 cipolla
- scorza di arancia non trattata qb
- olio extravergine
- sale e pepe

Tagliare la cipolla ad anelli e rosolarla in padella con l'olio. Ridurre la trota a striscioline e unirla al soffritto. Aggiungere i capperi (ben risciacquati, se si usano quelli sotto sale!) e ripassare il tutto in padella molto velocemente: qualche minuto sarà sufficiente. Sbattere le uova in una ciotola con un pizzico di sale e la scorza di arancia grattugiata. Cuocere la pasta, quindi scolarla e ripassarla nel sugo. Spegnere il fuoco e unire le uova sbattute, continuando a mescolare. Completare con una macinata di pepe prima di servire.

la cipolla rosolata

i filetti di triglia

il sugo pronto per condire la pasta

FARFALLE INTEGRALI CON TRIGLIE AL LIMONE

INGREDIENTI

per 4 persone:

- 320 g di farfalle integrali
- 300 g di filetti di triglie
- succo di 2 limoni
- 1 cipolla
- vino bianco qb
- timo qb
- olio extravergine
- sale e pepe

Le triglie al limone sono uno dei miei secondi preferiti. Una ricetta velocissima, estiva e molto invitante. Me l'ha insegnata un mio caro amico, Carlo Bergamo, grande appassionato di pesca e cucina di mare. Allora mi sono detta: perché non fare una piccola variante e buttarci dentro una bella pastasciutta? Se poi è integrale, è ancora più sana!

Affettare la cipolla e rosolarla in padella con l'olio. Unire le triglie, precedentemente private delle spine. Aggiungere il pepe, il sale, il timo e il succo di limone. Sfumare con il vino bianco e far cuocere a fuoco dolce, spezzettando i pesci con il cucchiaio. Per completare la cottura ci vorranno pochi minuti. Lessare la pasta, scolarla al dente e ripassarla in padella con il sugo.

SPAGHETTI AL PESTO SICILIANO

INGREDIENTI

per 4 persone:

- 350 g di spaghetti
- 300 g di pomodorini
- 50 g di pecorino
- 50 g di ricotta
- 40 g di pomodori secchi sott'olio
- olive nere denocciolate qb
- ½ spicchio di aglio
- 1 ciuffo di basilico
- 4 cucchiai di olio extravergine
- sale

Un piatto veramente semplice e delizioso. Il sugo non ha nemmeno bisogno di essere scaldato, perché si prepara direttamente nel mixer. Questa ricetta mi ricorda la campagna; a Carpeneto, quando a giugno tutta la mia famiglia si riunisce, la cucino sempre. Pensate che per questi spaghetti al pesto siciliano uso una ciotola speciale molto grande, dove riesco a condire anche un chilo e mezzo di pasta!

Lessare gli spaghetti. Mentre cuociono, frullare i due tipi di pomodori con l'aglio, l'olio e il basilico. Regolare di sale, unire il pecorino e la ricotta e frullare ancora. Scolare la pasta e condirla con il pesto. Completare con le olive e qualche foglia di basilico.

CACIO E PEPE RIVISITATA

Che cosa c'è di più buono di una cacio e pepe? Semplice: una cacio e pepe rivisitata... con l'aggiunta della pancetta e di un coloratissimo e saporitissimo radicchio.

Rosolare la pancetta nella padella unta di olio. Affettare il radicchio e, quando la pancetta sarà rosolata per bene, lasciarlo appassire nella stessa padella per qualche minuto. Nel frattempo lessare la pasta. In una ciotola mescolare il pecorino grattugiato con un po' di acqua di cottura della pasta, in modo da ottenere una cremina. Mi raccomando: l'acqua si deve intiepidire prima di essere unita al formaggio, altrimenti il pecorino si "strapperà" formando dei grumi. Scolare la pasta al dente e ripassarla nella padella con la pancetta e il radicchio, quindi trasferirla nella ciotola con il pecorino. Se necessario, aggiungere ancora dell'acqua tiepida, quindi mantecare bene il tutto. Completare con una spolverizzata di pepe e servire.

INGREDIENTI

per 4 persone:

- 320 g di tonnarelli
- 200 g di pecorino grattugiato
- 150 g di pancetta a dadini
- 1 cespo di radicchio
- olio extravergine
- sale e pepe

l'aceto balsamico sfumato

la pasta mantecata

AMATRICIANA DEL DUCA

INGREDIENTI

per 4-6 persone:

- 480 g di bucatini
- 800 g di pomodori pelati
- 320 g di guanciale stagionato
- 150 g di pecorino romano grattugiato
- 4 pomodori ramati
- 2 cucchiai di aceto balsamico
- peperoncino qb
- alloro qb
- sale e pepe

Se amate i bucatini all'amatriciana, dovete assolutamente provare questa versione spettacolare. L'ho mangiata all'*Osteria Fernanda* di Roma a Porta Portese e non sono più riuscita a togliermela dalla testa... come le cotte da ragazzini. Così ho invitato in studio lo chef Davide Del Duca e mi sono fatta svelare il suo segreto: guanciale croccante messo all'ultimo e una spruzzata di aceto balsamico nel sugo.

Incidere a croce i pomodori ramati e immergerli per qualche minuto in acqua bollente. Spellarli, privarli dei semi e tagliarli a cubetti. Frullare i pelati con il frullatore a immersione e tenerli da parte. Tagliare il guanciale a bastoncini, metterlo in una padella a freddo e farlo rosolare lentamente. Quando risulterà croccante, scolarlo su un foglio di carta da cucina lasciando tutto il suo grasso nella padella. Aggiungere l'aceto balsamico, far evaporare brevemente, poi unire i pelati frullati, i pomodori sbollentati, l'alloro e il peperoncino. Aggiustare di sale e cuocere il tutto per 5-8 minuti circa a fuoco moderato. Lessare i bucatini in acqua salata, scolarli al dente e ripassarli in padella con il sugo. A fuoco spento, spolverizzare la pasta con il pecorino e il pepe, continuando a mescolare per mantecarla. Aggiungere il guanciale croccante all'ultimo momento.

NORMA DI PESCE

La pasta alla Norma, quella originale e sicilianissima fatta con melanzane fritte e ricotta salata, è uno dei miei cavalli di battaglia. Tutti i miei amici l'hanno assaggiata almeno una volta. Per variare un po' e impreziosire questo piatto, ho deciso di aggiungere il pesce spada, e il risultato... è stato eccezionale!

INGREDIENTI

per 4 persone:

- 320 g di tortiglioni
- 400 g di pesce spada
- 2 melanzane di media grandezza
- 50 g di mandorle a lamelle
- 50 g di uvetta
- 6 pomodorini
- 1 cipolla
- 1 bicchiere di vino bianco
- menta qb
- olio di semi per friggere
- olio extravergine
- sale e pepe

Tagliare le melanzane a cubetti e friggerle in abbondante olio di semi bollente. Scolarle su un foglio di carta da cucina e salarle leggermente. Lessare la pasta e, nel frattempo, tritare la cipolla e rosolarla in padella con poco olio. Tagliare il pesce spada a dadini della stessa grandezza dei cubetti di melanzane, quindi unirli al soffritto. Aggiungere anche l'uvetta, aggiustare di sale e sfumare con il vino bianco. Tostare le mandorle in una padella a parte, o in alternativa nel forno a 180 °C per qualche minuto. Scolare la pasta e saltarla in padella con il sugo di pesce. Aggiungere i pomodorini tagliati a metà, le melanzane fritte e la menta, poi ripassare la pasta nel sugo a fuoco vivace. Spegnere, completare con le mandorle e una macinata di pepe.

PENNETTE CON ZUCCHINE E CREMA AL FORMAGGIO

INGREDIENTI

per 4 persone:

- 320 g di pennette integrali
- 60 g di pecorino grattugiato
- 60 g di grana grattugiato
- 5-6 zucchine piccole con i fiori
- 300 ml di latte
- 1 cucchiaino di fecola di patate
- 1 spicchio di aglio
- succo di 1 limone
- basilico qb
- sale

Il bello di questa pasta è che, nonostante sia condita con una fonduta di formaggio, è leggerissima e molto estiva. Il segreto sta nelle zucchine crude leggermente marinate che vanno a completarla. Mi raccomando: comprate zucchine piccole, freschissime e croccanti. Faranno la differenza!

Stemperare la fecola in 2 cucchiai di latte. Mettere il resto del latte in un pentolino con i formaggi e far sciogliere a fuoco dolce. Poco prima che il composto arrivi a bollore, unire la fecola e mescolare. Lasciar addensare la salsa sul fuoco, quindi trasferirla in una ciotola. Tagliare le zucchine a cubetti e metterle a marinare nel succo di limone con il sale e l'aglio. Lessare la pasta, scolarla, trasferirla nella ciotola con la crema di formaggio e completare con le zucchine e qualche foglia di basilico. Se sono freschi e belli, si possono unire anche i fiori crudi tagliati a listarelle.

FARFALLE CON PESTO DI PISELLI

La parola *pesto* per i bambini è un lasciapassare unico al mondo! Io lo sfrutto tantissimo per introdurre verdure diverse nella dieta dei miei figli. Il pesto di piselli, per esempio, è verdissimo, dolce e cremoso. Provare per credere!

INGREDIENTI

per 4 persone:

- 320 g di farfalle
- 100 g di piselli surgelati
- 6 noci (4 da tritare + altre 2 per guarnire)
- 3 cucchiai di grana grattugiato
- 3 cucchiai di olio extravergine
- ½ spicchio di aglio
- basilico qb
- timo qb
- sale

Sbollentare i piselli in acqua salata. Quando sono cotti, scolarli e frullarli nel mixer con le noci, l'olio, il grana, il basilico e l'aglio. Unire anche un po' dell'acqua di cottura dei piselli, in modo da ottenere un composto cremoso e morbido, come una densa besciamella. Lessare la pasta e condirla con il pesto di piselli. Completare con le noci tritate grossolanamente e qualche rametto di timo.

la cipolla caramellata

il guanciale affettato...

... e croccante

GRICIA CON CIPOLLE CARAMELLATE

INGREDIENTI

per 4 persone:

- 320 g di mezze maniche
- 200 g di guanciale
- 50 g di pecorino grattugiato + un po' da spolverizzare alla fine
- 2 cipolle rosse e ½
- 1 cucchiaio e ½ di zucchero
- aceto di vino bianco qb
- olio extravergine
- sale e pepe

Quando vivi con un romano, ci sono cose che proprio non puoi fare... come per esempio metterti ai fornelli e fare una pasta alla gricia. Quindi, le paste di tradizione romana le deve fare rigorosamente lui! Per superare il problema, ho deciso però di sperimentare delle variazioni sul tema, e con questa ricetta semplicissima sono riuscita a conquistare persino Fabio.

Rosolare il guanciale in una padella senza condimento, facendo sciogliere il grasso lentamente. In un'altra padella rosolare a fuoco dolce le cipolle tagliate ad anelli con l'olio e una presa di sale. Quando saranno appassite, unire lo zucchero e una spruzzata di aceto, quindi lasciare sobbollire il tutto finché le cipolle risulteranno caramellate, ma non bruciate (basteranno pochi minuti). A questo punto spegnere il fuoco. Lessare la pasta e scolarla tenendo da parte un po' della sua acqua di cottura. Saltare le mezze maniche in padella con il guanciale per insaporirle. Spegnere il fuoco, mantecare con il pecorino e un po' di acqua di cottura, quindi unire le cipolle e completare con altro pecorino grattugiato e una macinata di pepe.

PAPPARDELLE RICCE AGLI ASPARAGI

Mio marito Fabio ama invitare gli amici a vedere le partite di calcio... quelle rare volte in cui non è lui a commentarle! In un'occasione del genere ho preparato queste pappardelle agli asparagi, e ho fatto goal! L'unico avvertimento è che, quando a tavola ci sono solo uomini, è sempre meglio abbondare con le dosi.

INGREDIENTI

per 4 persone:

- 250 g di pappardelle ricce
- 2 mazzi di asparagi
- 10 foglie di basilico
- 2 spicchi di aglio
- 2 cucchiai di pinoli
- grana grattugiato qb
- olio extravergine
- sale e pepe

Con un pelapatate o con un coltellino raschiare la parte legnosa degli asparagi, quindi mettere da parte le punte, tagliare i gambi a pezzetti e farli appassire in padella con olio, aglio, sale e un po' di acqua. Basteranno 5 minuti a fuoco dolce con il coperchio. Quando i gambi saranno morbidi, frullarli con il loro liquido di cottura nel mixer (come se doveste preparare un pesto), aggiungendo il basilico, i pinoli e l'olio. Lessare le punte degli asparagi insieme alle pappardelle, scolare e condire con il pesto di asparagi. Completare con il grana e una spolverizzata di pepe prima di servire.

il baccalà frullato

la mantecatura delle fettuccine

FETTUCCINE RICCE AL BACCALÀ

INGREDIENTI

per 4 persone:

- 250 g di fettuccine ricce all'uovo
- 250 g di baccalà dissalato
- 2 spicchi di aglio
- 1 bicchiere di latte
- 1 cucchiaio di capperi sotto sale
- pangrattato qb
- olio extravergine

Il baccalà mantecato è uno dei miei piatti preferiti. Io lo servo con i crostini di polenta, ma sono capace di mangiarmelo anche a cucchiaiate. Così ho pensato: perché non farci un sugo per la pasta?

Tagliare il baccalà dissalato a tocchetti e rosolarlo in padella con l'olio e l'aglio. Aggiungere un bicchiere di latte e lasciare cuocere dolcemente con il coperchio per 15-20 minuti, quindi frullarlo con un frullatore a immersione, lasciando dei pezzi di pesce un po' più grossi. Lessare la pasta e unire un po' della sua acqua di cottura al sugo di baccalà insieme ai capperi ben risciacquati. In un'altra padella, leggermente unta di olio, tostare il pangrattato e tenerlo da parte. Scolare la pasta e saltarla in padella con il sugo di baccalà. Completare con il pangrattato come se fosse grana.

PASTA CON PEPERONI E BURRATA

INGREDIENTI

per 4 persone:

- 350 g di mezze maniche integrali
- 5 filetti di acciughe sott'olio
- 2 peperoni grandi (o 3 piccoli)
- 2 spicchi di aglio
- 1 burrata
- basilico qb
- olio extravergine
- sale

Questa pasta mi fa letteralmente impazzire. Quando ho una cena e sono sicura che tutti i commensali amino i peperoni, la cucino sempre. È veloce, impossibile da sbagliare e poi è sontuosa, ricca e filante... Io adoro l'abbinamento peperone-mozzarella. Spesso, se voglio stare leggera, mi faccio semplicemente un piatto di peperoni abbrustoliti accompagnati da una mozzarella. Me l'ha insegnato Fabio, mio marito. Ed è proprio un piatto da re!

Sciogliere le acciughe in padella a fuoco dolce con l'olio e l'aglio. Pulire i peperoni eliminando filamenti e semini, tagliarli a pezzetti e unirli al soffritto. Aggiungere il sale e rosolare finché i peperoni non saranno ben cotti e morbidi, con una consistenza simile alla peperonata (meglio quindi cuocerli a fuoco dolce con il coperchio). Trasferire il tutto in una ciotola, mettere metà burrata e frullare con il frullatore a immersione fino a ottenere una crema. Lessare la pasta, scolarla e trasferirla nella ciotola con la crema di peperoni e acciughe. Completare con l'altra metà della burrata e qualche ciuffo di basilico prima di servire.

SPAGHETTI ALLA POVERELLA

Lessare gli spaghetti. Pochi minuti prima di scolarli, mettere il burro in padella con poco olio. Quando il burro si sarà sciolto, rompere delicatamente le uova in padella e farle cuocere in modo che il bianco si rassodi completamente. Mi raccomando: non fatele seccare troppo... il tuorlo deve restare morbido! Scolare la pasta e mescolarla con le uova a fuoco spento; in questo modo le uova si romperanno, e il tuorlo vi darà una deliziosa cremina. Aggiungere il pecorino e un bel mestolo di acqua di cottura, continuando a mescolare fino a ottenere una mantecatura irresistibile. Servire subitissimo, con un'abbondante macinata di pepe.

INGREDIENTI

per 4 persone:

- 320 g di spaghetti
- 75 g di pecorino grattugiato
- 50 g di burro
- 4 uova
- olio extravergine
- sale e pepe

Questa è veramente una ricetta furbissima, golosissima ed economicissima! Me l'ha insegnata Barbara Boncompagni, preziosa consigliera dei miei programmi tv... e ora non posso più farne a meno!

il sugo cremoso

le fave sbollentate...

... e frullate

TROCCOLI CON FAVE E MAZZANCOLLE

INGREDIENTI

per 4 persone:

- 320 g di troccoli
- 250 g di fave fresche sgusciate
- 16 mazzancolle decongelate
- 1 cipollotto
- 1 carota
- 1 gambo di sedano
- vino bianco qb
- timo qb
- olio extravergine
- sale e pepe

A regalarmi questa ricetta è stata la mia amica Loredana Guelpa. Sapendo della mia passione per le fave fresche, mi ha suggerito di creare un bel sugo cremoso con le fave frullate e di arricchire il tutto con delle splendide mazzancolle.

Affettare il cipollotto, il sedano e la carota e rosolarli in padella con l'olio. Sgusciare le mazzancolle e unirle al soffritto. Aggiungere anche il sale, il pepe e un po' di timo, quindi sfumare con il vino bianco. A parte, sbollentare le fave insieme al gambo del cipollotto. Scolare le fave, aggiungerne metà al soffritto e lasciare insaporire. Dopo un po' spegnere il fuoco per evitare che le mazzancolle cuociano troppo. Frullare l'altra metà delle fave con un po' della loro acqua di cottura in modo da ottenere una crema. Lessare la pasta e ripassarla in padella con il sugo di mazzancolle e la cremina di fave.

TROFIE AL PESTO DI LIMONE E MANDORLE

INGREDIENTI

per 4 persone:

- 320 g di trofie fresche
- scorza di ½ limone non trattato
- 100 g di mandorle sgusciate e pelate
- 50 g di pecorino
- 1 spicchio di aglio
- 2 cucchiai di olio extravergine
- finocchietto selvatico qb
- sale

Profumata e velocissima, questa pasta conquista tutti per la sua freschezza e la sua cremosità. Il segreto sta nella mantecatura del pecorino. Meglio se ne usate uno non troppo stagionato.

Far rosolare in padella l'aglio con l'olio. Preparare il pesto frullando le mandorle con la scorza del limone, il pecorino, il finocchietto, un pizzico di sale e 2 cucchiai di olio. Lessare la pasta, quindi unire al pesto anche un po' di acqua di cottura, miscelata con acqua fredda, per evitare che il formaggio si "strappi". Scolare la pasta e ripassarla nella padella con l'olio e l'aglio, quindi, a fuoco spento, condirla con il pesto.

FUSILLI CON MELANZANE E SAN PIETRO

Questa pasta è perfetta per fare un figurone con gli amici. È saporita, difficile da sbagliare e davvero scenografica. Guarnite il piatto prima di portarlo in tavola con una dadolata di pomodori crudi, una brunoise. Non fate come me che, con la fretta di impiattare, l'ansia degli ospiti e la confusione dell'ultimo momento, mi dimentico sempre di metterla!

INGREDIENTI

per 4 persone:

- 300 g di fusilli bucati corti
- 400 g di San Pietro
- 50 g di pomodorini
- 2 cipollotti
- 1 melanzana
- 1 spicchio di aglio
- peperoncino qb
- vino bianco qb
- basilico qb
- olio extravergine
- sale e pepe

Tagliare la melanzana a metà per il lungo, inciderla con un coltello e avvolgerla nella carta stagnola, quindi metterla su una placca e infornare a 180 °C per circa 45 minuti. Poi togliere la stagnola e con il cucchiaio staccare la polpa dalla buccia. Rosolarla in padella con olio, aglio, sale, basilico e peperoncino. Deve ricordare una purea. In un'altra padella, stufare i cipollotti tagliati ad anelli con un po' di olio. Privare il pesce della pelle e tagliarlo a tocchetti, unirlo ai cipollotti e farlo rosolare. Sfumare con il vino bianco e lasciar evaporare, poi aggiungere la purea di melanzane. Tagliare i pomodorini a pezzi piccolissimi, come dei coriandoli (brunoise), e metterli in un colino in modo che perdano la loro acqua. Lessare la pasta, scolarla e ripassarla in padella con le melanzane e il San Pietro. Prima di servire, completare con i pomodorini a brunoise, basilico tritato e pepe.

le polpette infarinate

la crema
di patate
e basilico

Quando a casa preparo la pasta con il sugo rosso e le polpettine di carne, diventano tutti matti. E non posso dar loro torto... è una vera golosità! Per cambiare, questa volta ho deciso di condire la pasta con una golosissima crema di patate e di affogarci dentro delle piccole deliziose super polpette!

PASTA CON POLPETTINE E CREMA DI PATATE

Sbucciare e affettare le patate, metterle in una casseruola, ricoprirle di acqua e lessarle con la cipolla tagliata a spicchi e una presa di sale. Se l'acqua si asciuga troppo, aggiungerne un po'. Quando le patate saranno cotte, scolarle, unire il basilico e un cucchiaio di olio, poi frullare il tutto con il frullatore a immersione, in modo da ottenere una crema. Per le polpette, ammollare per qualche minuto il pane nel latte, strizzarlo leggermente e mescolarlo alla carne impastando con le mani. Salare, quindi incorporare al composto la cipolla liofilizzata, la scorza di limone grattugiata e il timo. Unire l'uovo e il grana e continuare a impastare. Formare delle polpettine piccole, infarinarle leggermente e rosolarle in padella con un po' di olio. Lessare la pasta, trasferire la crema di patate in una ciotola grande, poi scolare la pasta e versarla nella ciotola con la crema. In ultimo aggiungere le polpette e portare in tavola.

INGREDIENTI

per 4 persone:

- 400 g di pipe rigate
- 300 g di carne trita di vitello
- 30 g di grana grattugiato
- 2 patate
- 1 fetta e ½ di pane in cassetta
- 1 uovo
- ½ cipolla
- ½ bicchiere di latte
- ½ cucchiaino di cipolla liofilizzata
- scorza di ½ limone non trattato
- farina qb
- timo qb
- 1 ciuffo di basilico
- olio extravergine
- sale

PENNE BACON E FAVE

Quando arriva la primavera, le fave sono il mio ingrediente preferito. A casa ne ho sempre un bel cestino, da sgranare e mangiare a crudo con pecorino, salame e un buon bicchiere di vino. È un aperitivo semplice ma delizioso. Quando invece devo fare un sugo per la pasta, compro le buste di fave surgelate già sgranate. Molto più veloci!

INGREDIENTI

per 4 persone:

- 350 g di penne
- 450 g di fave surgelate
- 150 g di bacon
- 35 g di pecorino grattugiato
- 1 cipolla
- olio extravergine
- sale e pepe

Lessare le fave in acqua salata con la cipolla tagliata a spicchi. Cuocere finché non saranno belle morbide. Frullarle con il frullatore a immersione insieme a un po' della loro acqua di cottura, in modo da ottenere una crema morbida. Rosolare il bacon tagliato a pezzetti in una padella con un filo di olio. Quando sarà pronto, tenerne da parte circa un terzo per la guarnizione finale. Lessare la pasta, scolarla e ripassarla in padella con il bacon. Unire il purè di fave, poi mantecare il tutto con il pecorino. Se la crema risulta troppo densa, diluirla con dell'acqua di cottura della pasta. Completare con il bacon tenuto da parte e una macinata di pepe.

REGINETTE AGLI SCAMPI

Usando gli scampi surgelati questa ricetta non risulta particolarmente costosa, e di sicuro vi farà fare un figurone. Al supermercato io compro delle confezioni di scampi piccoli ma che vanno benissimo. Il segreto è spremere le teste nel sugo. È da lì che viene il sapore delizioso di questo crostaceo.

INGREDIENTI

per 4 persone:

- 320 g di reginette
- 800 g di scampi decongelati con testa e carapace
- 400 g di pomodorini pelati o semplici pelati, in quel caso tagliati a pezzi
- 1 cipolla
- basilico qb
- zucchero qb
- olio extravergine
- sale e pepe

Pulire e sgusciare gli scampi, tenendo le teste da parte. Tritare la cipolla e rosolarla in padella con l'olio. Unire il pomodoro e cuocere per circa 10 minuti. Spremere le teste degli scampi nel sughetto, non tutte, ma circa la metà di quelle che avete pulito. Mi raccomando: schiacciare bene con due dita, proprio come si fa con il dentifricio! Aggiustare quindi di sale e pepe, unire un pizzico di zucchero e cuocere per altri 10 minuti. Quando il sugo si sarà ristretto e insaporito per bene, aggiungere gli scampi che devono cuocere meno di un minuto, o diventeranno duri. Scolare la pasta e ripassarla in padella con il sugo. Completare con qualche foglia di basilico prima di servire.

Questa ricetta arriva da Clelia D'Onofrio, mia collega sul set di *Bake Off Italia*. Pur circondate da tanti dolci, spesso ci mettiamo a parlare di ricette salate, e Clelia mi ha conquistato con questa idea semplice e brillante di una pasta allo zafferano... cucinata come un risotto!

PENNE ALLA MILANESE

INGREDIENTI

per 4 persone:

- 350 g di penne
- 70 g di grana grattugiato
- 50 g di burro
- 2 scalogni
- 2 bustine di zafferano
- brodo vegetale qb
- olio extravergine
- sale

Scaldare in padella un po' di olio e metà del burro, quindi unire gli scalogni tritati e lasciarli stufare. Aggiungere la pasta cruda, farla tostare come se fosse un risotto e portarla a cottura aggiungendo il brodo bollente poco alla volta. Un attimo prima che la pasta sia cotta, aggiungere lo zafferano e salare se necessario. Mantecare a fuoco spento con il burro rimasto e il grana.

SPAGHETTI CON FAVE E ACCIUGHE

Questi spaghettini sono una delizia... L'unica avvertenza è che per togliere le pellicine alle fave ci vuole un po' di pazienza, ma eccome se ne vale la pena!

INGREDIENTI

per 4 persone:

- 320 g di spaghetti
- 120 g di fave sgusciate (vanno bene anche quelle surgelate)
- 7-8 filetti di acciughe sott'olio
- 2 cipollotti
- 2 spicchi di aglio
- basilico qb
- grana grattugiato qb
- olio extravergine
- sale e pepe

Lessare le fave per una decina di minuti, scolarle e privarle della pellicina. Affettare i cipollotti e rosolarli in padella con l'olio e l'aglio. Unire i filetti di acciughe e lasciare che si sciolgano nel soffritto. Aggiungere al sughetto le fave e il basilico tritato. Lessare la pasta, scolarla e ripassarla in padella con il sugo e un po' di acqua di cottura. Completare con pepe e grana, prima di servire.

SPAGHETTI ASPARAGI E BOTTARGA

INGREDIENTI

per 4 persone:

- 300 g di spaghetti
- 200 g di asparagi
- 50 g di pancetta affumicata a dadini
- 1 cipolla
- bottarga qb
- 1 cucchiaio di olio extravergine
- sale e pepe

Non vi scandalizzate se unisco la pancetta affumicata alla bottarga, vero? Voglio semplicemente ottenere un lieve gusto affumicato che con la bottarga si sposa benissimo... o almeno così immagino. Sì, perché io negli anni ho sviluppato una odiosissima allergia a tutte le uova di pesce, ma questo non mi impedisce di cucinare per gli altri queste deliziose ricette.

Con un pelapatate o con un coltellino raschiare la parte legnosa degli asparagi, quindi sbollentarli per pochi minuti, scolarli e conservare la loro acqua di cottura per lessare la pasta. Rosolare la pancetta con l'olio e la cipolla tritata. A parte, grattugiare la bottarga. Tagliare gli asparagi a tocchetti (tenendo da parte le punte) e unirli al soffritto con un po' della loro acqua di cottura. Salare e pepare. Lessare gli spaghetti nell'acqua degli asparagi, scolarli e ripassarli nel sugo tenendo a portata di mano ancora un po' di acqua di cottura. A fuoco spento, aggiungere la bottarga grattugiata e mantecare con l'acqua di cottura: la bottarga si scioglierà creando una meravigliosa cremina.

il pesto da frullare

lo scorfano in padella

TROFIE ALLO SCORFANO

La pasta con il pesce è sempre deliziosa. Lo scorfano, poi, è un pesce saporito che si sposa perfettamente con il peperone, dando vita a un sugo a dir poco stratosferico.

INGREDIENTI

per 4-6 persone:

- 320 g di trofie
- 400 g di scorfano
- 1 cipolla
- 1 pomodoro
- 1 ciuffo di prezzemolo
- 1 ciuffo di basilico
- 1 spicchio di aglio
- ½ peperone
- ½ bicchiere di vino bianco
- olio extravergine
- sale e pepe

Frullare nel mixer il peperone, il pomodoro, il basilico e la cipolla, poi trasferire le verdure in padella e rosolarle insieme con olio e aglio. Regolare di sale e lasciar soffriggere a fuoco dolce. Tagliare il pesce a tocchetti e unirlo al soffritto. Fare insaporire per qualche minuto, quindi sfumare con il vino bianco, aggiungere un po' di pepe e cuocere ancora per una decina di minuti. Lessare la pasta, scolarla e ripassarla nel sughetto di pesce. Completare con foglie di prezzemolo.

PRIMI AL FORNO

PRIMI AL FORNO

Sfornare una pasta al forno, tagliare con il coltello quella crosticina dorata e gratinata che nasconde un sugo morbido e goloso... è sicuramente uno dei piaceri della vita!

LASAGNE PRIMAVERA AI CARCIOFI

INGREDIENTI

per 4 persone:

- 4 sfoglie di lasagne fresche all'uovo
- 4 carciofi
- 1 burrata
- 1-2 spicchi di aglio
- 50 g di grana grattugiato
- olio extravergine
- sale

Mi piace provare nuovi sughi per le lasagne, sostituendo la besciamella con altre creme. Uno degli abbinamenti più riusciti è senz'altro questo: burrata e carciofi.

Pulire i carciofi e affettarli sottilmente. Metterli in padella con aglio e olio, quindi rosolarli per 5 minuti con il coperchio insieme a una presa di sale e a un mestolino di acqua, in modo da favorirne la cottura. Tagliare la parte superiore della burrata (quella specie di picciolo annodato) e tenerla da parte. Frullare metà dei carciofi con il resto della burrata, fino a ottenere una crema. Comporre la lasagna alternando uno strato di pasta fresca con uno di crema di carciofi, carciofi a fettine e grana, poi di nuovo uno strato di pasta. Proseguire fino a esaurire gli ingredienti e completare l'ultimo strato con la crema di carciofi, i carciofi a fettine, il grana e la burrata tenuta da parte (tagliata a pezzetti). Cuocere a 180 °C per 15-20 minuti.

INGREDIENTI

per 4 persone:

- 250 g di lasagne fresche all'uovo
- 300 g di robiola
- 250 g di pomodorini
- 100 g di spinacini
- 75 g di grana grattugiato
- 1 bicchiere di latte
- erba cipollina qb
- olio extravergine
- sale e pepe

LASAGNE ALLA CRUDAIOLA

Questa è la lasagna più veloce che io abbia mai preparato. Gli ingredienti sono tutti leggerissimi e a crudo. Infatti si va direttamente in teglia, senza nemmeno sporcare una padella. Il risultato, poi, è davvero strepitoso. Perfetto per una cena primaverile!

Lavorare la robiola con il latte e l'erba cipollina tritata, fino a ottenere una crema abbastanza liquida. Tagliare i pomodorini a metà e condirli con sale, pepe e olio. Sporcare il fondo di una teglia con un po' di crema di robiola, quindi disporre strati alternati di lasagne, spinacini crudi, crema di robiola, pomodorini e grana, quindi di nuovo lasagne. Completare l'ultimo strato con il grana e un filo di olio. Cuocere in forno a 180 °C per 20 minuti circa.

le zucchine e il porro rosolati

tutto pronto da infornare

FUSILLI GRATINATI CON ZUCCHINE E FIORI DI ZUCCA

La pasta gratinata è senz'altro più veloce di una lasagna, ma non meno golosa. Invece di fare un ragù di verdure, che a volte rischia di avere il gusto del minestrone, ho preferito usare solo zucchine e fiori di zucca, e al posto del latte nella besciamella ho messo il brodo, per un risultato decisamente più leggero.

INGREDIENTI

per 4 persone:

- 320 g di fusilli
- 50 g di grana grattugiato
- 6 fiori di zucca
- 2-3 zucchine
- 1 porro
- 1 pomodoro
- olio extravergine
- sale

Per la besciamella

- 30 g di burro
- 30 g di farina
- ½ litro di brodo vegetale
- sale

Affettare il porro e rosolarlo in padella con l'olio. Aggiungere le zucchine ridotte a cubetti, salare e lasciare stufare dolcemente. Tagliare il pomodoro a dadini e tenerlo da parte. Preparare la besciamella facendo sciogliere in un pentolino il burro con la farina. Tostare e sfumare con il brodo preparato semplicemente con acqua calda e dado. Aggiungere un pizzico di sale e far addensare sul fuoco mescolando spesso. Lessare la pasta, scolarla e condirla con la besciamella, le zucchine stufate e il grana. Trasferire il tutto in una teglia da forno e completare con i fiori di zucca, il pomodoro a dadini e ancora un pizzico di sale. Condire con un'altra manciata di grana e un filo di olio. Gratinare la pasta in forno a 220 °C per qualche minuto.

2kg
10g
1800
1700
1600
1500
1400
1300
1200
1100
1000
900
800
700
600
500
400
300

MACARONI AND CHEESE

Questo è uno dei piatti più famosi della cucina italiana in America; peccato che in Italia non lo cuciniamo quasi mai... forse perché la versione Made in USA è davvero pesantissima! Io ho voluto alleggerirla usando i formaggini spalmabili e una besciamella veramente light. I bambini sono impazziti!

INGREDIENTI

per 4 persone:

- 200 g di ditalini
- 50 g di burro
- 50 g di farina
- 400 ml di latte
- 4 formaggini
- grana grattugiato qb
- pangrattato qb
- sale

Preparare la besciamella facendo tostare sul fuoco il burro con la farina. Unire il latte e un pizzico di sale. Quando il composto sarà caldo, aggiungere i formaggini e lasciarli sciogliere mescolando fino a ottenere una crema densa. Lessare i ditalini al dente, quindi scolarli e versarli nella pentola con la besciamella al formaggio. La salsa dev'essere abbondante e leggermente liquida. Trasferire il tutto in una teglia da forno, completare con tanto grana grattugiato e una spolverizzata di pangrattato, infine ripassare al grill per un paio di minuti.

TIMBALLO DI MACCHERONI

INGREDIENTI

per 4 persone:

- 250 g di mezze maniche
- 600 g di ragù ai piselli
- 100 g di formaggio filante
- 100 g di mozzarella
- 3 melanzane
- olio di semi per friggere
- sale

Affettare le melanzane per il lungo e friggerle in olio ben caldo. Farle asciugare su carta da cucina e salarle leggermente. Lessare la pasta, scolarla molto al dente e condirla con il ragù ai piselli. Foderare uno stampo a ciambella con le melanzane, in modo che debordino un po'. Riempire con un primo strato di mezze maniche, aggiungere il formaggio filante tritato, poi coprire con un altro strato di pasta. Completare con la mozzarella a fettine, quindi ripiegare le melanzane verso l'interno in modo da sigillare il timballo. Se necessario, aggiungerne altre. Infornare a 180 °C per 20 minuti e servire.

Un timballo di tanto in tanto bisogna concederselo. Ricco, anzi sontuoso, scenografico, con un ripieno filante di carne e formaggio e un guscio di melanzane fritte. Devo aggiungere altro? Il giorno dopo, se ne avanza, è ancora più buono!

LASAGNE CON BUFALA E INDIVIA

Un'altra variante davvero interessante per le lasagne di verdure consiste nell'abbinare l'amarognolo dell'indivia alla dolcezza della mozzarella.

Affettare la cipolla ad anelli e rosolarla in padella con l'olio. Tagliare l'indivia a pezzi, unirla al soffritto e regolare di sale. Lasciare appassire per qualche minuto, poi spegnere il fuoco. Grattugiare la scamorza e tenerla da parte. Frullare nel mixer la mozzarella con il latte. Con un po' della crema ottenuta, sporcare il fondo di una teglia, quindi comporre la lasagna alternando uno strato di pasta, uno di indivia, scamorza e crema di mozzarella, e di nuovo uno di pasta. Completare l'ultimo strato con la scamorza grattugiata. Versare un po' di latte negli angoli della lasagna. Cuocere in forno a 180 °C per 20 minuti, coprendo la teglia con la stagnola per i primi 10 minuti.

INGREDIENTI

per 6 persone:

- 350 g di lasagne fresche all'uovo
- 3 cespi di indivia
- 2 mozzarelle di bufala
- 1 bicchiere di latte + latte qb per completare
- 1 scamorza affumicata
- 1 cipolla
- olio extravergine
- sale

CA & GNOCCHI PASTA FRESCA & GNOCCHI PASTA FR

NOCCHI PASTA FRESCA & GNOCCHI PASTA FRESCA &

CA & GNOCCHI PASTA FRESCA & GNOCCHI PASTA FR

NOCCHI PASTA FRESCA & GNOCCHI PASTA FRESCA &

CA & GNOCCHI PASTA FRESCA & GNOCCHI PASTA FR

NOCCHI PASTA FRESCA & GNOCCHI PASTA FRESCA &

CA & GNOCCHI PASTA FRESCA & GNOCCHI PASTA FR

NOCCHI PASTA FRESCA & GNOCCHI PASTA FRESCA &

CA & GNOCCHI PASTA FRESCA & GNOCCHI PASTA FR

NOCCHI PASTA FRESCA & GNOCCHI PASTA FRESCA &

CA & GNOCCHI PASTA FRESCA & GNOCCHI PASTA FR

NOCCHI PASTA FRESCA & GNOCCHI PASTA FRESCA &

CA & GNOCCHI PASTA FRESCA & GNOCCHI PASTA FR

NOCCHI PASTA FRESCA & GNOCCHI PASTA FRESCA &

CA & GNOCCHI PASTA FRESCA & GNOCCHI PASTA FR

NOCCHI PASTA FRESCA & GNOCCHI PASTA FRESCA &

CA & GNOCCHI PASTA FRESCA & GNOCCHI PASTA FR

NOCCHI PASTA FRESCA & GNOCCHI PASTA FRESCA &

CA & GNOCCHI PASTA FRESCA & GNOCCHI PASTA FR

NOCCHI PASTA FRESCA & GNOCCHI PASTA FRESCA &

CA & GNOCCHI PASTA FRESCA & GNOCCHI PASTA FR

PASTA FRESCA

& GNOCCHI

Posso rinunciare a tutto in cucina: pizza, fritti, pasta, dolci... ma non a un piatto di gnocchi. Sono la mia passione!

GNOCCHI CON GLI ASPARAGI

INGREDIENTI

Se avete un po' di pazienza e volete gustare qualcosa di davvero unico, provate a fare gli gnocchi con dentro gli asparagi. Una delizia assoluta!

per 4 persone:

- 700 g di patate
- 300 g di asparagi
- 250 g di farina
- 2 tuorli
- burro qb
- grana grattugiato qb
- sale

Lessare le patate con la buccia. Pulire gli asparagi, lessarli in acqua salata per pochi minuti, poi scolarli lasciandoli ben croccanti. Tagliarli a tocchetti lunghi circa due dita (dovranno essere messi dentro agli gnocchi). Sbucciare le patate, schiacciarle con lo schiacciapatate, unire la farina, i tuorli, il sale e impastare con le mani fino a ottenere un bel panetto dalla consistenza plastica. Formare dei lunghi rotolini e ritagliare delle piccole porzioni da appiattire con le mani. Disporre al centro di ognuna un tocchetto di asparago, quindi richiudere lasciando la verdura in mezzo allo gnocco, in modo che rimanga visibile alle due estremità. Continuare fino a esaurire gli ingredienti. Aiutarsi con un po' di farina se l'impasto dovesse appiccicare. In una padella fondere un po' di burro, lessare gli gnocchi, e quando vengono a galla trasferirli con la schiumarola nella padella con il burro. Insaporirli per qualche secondo, poi spegnere il fuoco e condire con grana e un po' di acqua di cottura.

GNOCCHI DI POLENTA CON RAGÙ D'ANATRA

Quando fuori fa freddo, non c'è niente di meglio di un piatto di gnocchi di polenta per coccolarsi a tavola. Proprio così: al posto delle patate si usa la polenta! Quella già pronta in panetto o quella avanzata. Credetemi: stupirete i vostri ospiti con una ricetta strepitosa!

INGREDIENTI

per 2-3 persone:

- 400 g di polenta pronta
- 100 g di farina + 1 cucchiaio per il ragù
- 50 g di misto per soffritto
- 1 petto d'anatra
- ½ bicchiere di vino bianco
- burro qb
- rosmarino e salvia qb
- sale e pepe

Privare il petto d'anatra della pelle e rosolarla per qualche minuto in padella, in modo che perda il grasso, che tornerà utile poi per cuocere la carne. A parte, tagliare il petto d'anatra con il coltello in maniera grossolana. Eliminare dalla padella la pelle dell'anatra, e nel suo grasso mettere il misto per soffritto. Unire la carne tritata e farla rosolare. Aggiustare di sale, aggiungere un cucchiaio di farina, il pepe, e continuare la cottura mescolando bene. Sfumare con il vino bianco, insaporire con un po' di salvia e rosmarino. Far cuocere ancora per una ventina di minuti. Una volta pronto, incorporare una noce di burro e spegnere il fuoco. Per gli gnocchi, far scaldare la polenta nel microonde per ammorbidirla, quindi schiacciarla con lo schiacciapatate.
Impastare la polenta con la farina e un pizzico di sale. Formare gli gnocchi facendo dei rotolini e tagliandoli poi a cilindretti. Cuocerli in acqua bollente; quando cominciano a salire, scolarli con la schiumarola e ripassarli in padella con il ragù. Completare con un po' di grana.

PASSATELLI IN GUAZZETTO DI MARE

Sono una grande appassionata di passatelli in brodo, una tipica preparazione romagnola a base di pangrattato, grana e uovo. Mi ha insegnato questa ricetta la mia amica Cristina Pistocchi, e da allora li preparo sempre. D'estate però fa davvero troppo caldo per il brodo, così ho deciso di sostituirlo con un guazzetto preparato velocissimamente con una busta surgelata di misto mare.

INGREDIENTI

per 4 persone:

Per i passatelli

- 150 g di pangrattato
- 50 g di grana grattugiato
- 2 uova
- 1 cucchiaio di farina
- scorza di limone non trattato qb
- sale

Per il sugo

- 700 g di misto mare surgelato
- 7-8 pomodorini
- 2 spicchi di aglio
- peperoncino qb
- salsa di pomodoro qb
- prezzemolo qb
- olio extravergine
- sale e pepe

In una padella scaldare olio, aglio e peperoncino. Unire il misto mare leggermente decongelato con il suo sughino, i pomodorini tagliati a metà e un po' di salsa di pomodoro. Salare, aggiungere il prezzemolo tritato e far sobbollire per circa 4-5 minuti: sul fondo dovrà rimanere un sugo molto liquido e brodoso. Preparare i passatelli impastando il pangrattato con il grana, quindi aggiungere la scorza di limone grattugiata e la farina. Unire anche le uova e impastare fino a ottenere un composto morbido ed elastico. Se necessario, versare un po' di acqua calda. Dare la forma ai passatelli facendoli passare attraverso l'apposito strumento e cuocerli in acqua salata per pochi minuti. Scolarli con la schiumarola e lasciar insaporire per un minuto in padella con il sugo, aggiungere pepe e servire. Il risultato finale deve assomigliare a un guazzetto.

CRÊPE DI FARINA DI CECI

INGREDIENTI

per 4 persone:

Per la besciamella al salmone

- 200 g di salmone fresco
- 50 g di salmone affumicato
- 25 g di farina
- 25 g di burro
- 250 ml di latte
- 1 cipollotto
- scorza di limone non trattato qb
- sale e pepe

Per le crêpe

- 100 g di farina di ceci
- 240 ml di acqua
- 2 cucchiaini di olio extravergine
- burro qb
- sale

Mi piace preparare queste crêpe per il brunch della domenica, perché sono un po' una via di mezzo tra una sontuosa pasta al forno e uno spuntino goloso. La besciamella al salmone, poi, le rende assolutamente irresistibili. Ci ho messo un po' a trovare il giusto equilibrio tra salmone fresco e affumicato, ma adesso le proporzioni sono perfette!

Tritare il cipollotto e rosolarlo con il burro. Tagliare il salmone fresco a tocchetti e unirlo al soffritto, aggiungere la farina e tostarla per 30 secondi. Versare il latte, un pizzico di sale, il pepe e la scorza di limone grattugiata. Lasciar addensare a fuoco dolce, mescolando finché il pesce non si sfalda. A fuoco spento unire il salmone affumicato, a striscioline. Per le crêpe, preparare la pastella mescolando la farina con l'acqua, una presa di sale e l'olio. Ungere un padellino con poco burro, poi versare una cucchiaiata di pastella, inclinando il padellino in modo che tutta la superficie venga ricoperta. Quando la crêpe si è rappresa, girarla (aiutandosi eventualmente con un'altra padella) e cuocerla anche sull'altro lato. Una volta pronte, farcire le crêpe con la besciamella al salmone e formare i cannelloni.

TAGLIATELLE ROSSE AI FIORI DI ZUCCA

Quando ho tempo, mi piace preparare la pasta fresca e colorarla per renderla ancor più golosa. Uno degli esperimenti meglio riusciti è questo, con pomodoro e peperoncino.

INGREDIENTI

per 4 persone:

Per la pasta
- 320 g di farina
- 3 uova
- 2 cucchiai di concentrato di pomodoro
- peperoncino qb
- sale

Per il condimento
- 8 fiori di zucca
- 7-8 filetti di acciughe sott'olio
- 2 spicchi di aglio
- 1 cipollotto
- 2 mozzarelle
- prezzemolo qb
- olio extravergine

Raccogliere la farina in una ciotola, praticare un buco al centro e romperci le uova. Unire un pizzico di peperoncino e il concentrato di pomodoro stemperato in poca acqua. Aggiungere anche il sale e impastare il tutto, incominciando con una forchetta per continuare poi con le mani. Stendere la pasta con la macchinetta e formare le tagliatelle sempre con la macchinetta, oppure arrotolando la pasta su se stessa e tagliando le tagliatelle con il coltello. Rosolare in padella l'aglio con l'olio, il cipollotto tritato e le acciughe, lasciandole sciogliere. All'ultimo momento unire i fiori di zucca interi. Lessare le tagliatelle, scolarle e ripassarle nel sugo con un po' della loro acqua di cottura. A fuoco spento, aggiungere la mozzarella tagliata a dadini e il prezzemolo tritato.

GNOCCHETTI DI PANE DI SEGALE AI QUATTRO FORMAGGI

INGREDIENTI

per 3-4 persone:

Per gli gnocchetti
- 350 g di pane di segale
- 120 g di ricotta
- 30 g di farina
- 30 g di grana grattugiato
- 200 ml di latte
- 1 uovo intero
- 1 tuorlo
- erba cipollina qb
- sale e pepe

Per il condimento
- 200 g di formaggi misti (brie, fontina, stracchino, taleggio, gorgonzola)
- 100 ml di panna fresca

Un tipo di gnocchi estremamente goloso e particolare è fatto con il pane di segale, quello nero e umido che si mangia nei Paesi del Nord. Io ne vado matta, soprattutto con un condimento di formaggi fusi: è un piatto molto ricco e... molto invernale!

Ammollare il pane nel latte, strizzarlo un po', quindi frullarlo nel mixer. In una ciotola mescolare il pane con l'uovo, il tuorlo e la farina. Unire la ricotta e il grana, poi aggiustare di sale. Lavorare l'impasto fino a ottenere la giusta consistenza per gli gnocchi. Formare dei rotolini con il palmo della mano. Dividere i rotolini in tanti cilindretti, aggiungendo eventualmente dell'altra farina se il composto tendesse ad appiccicare. Per il condimento, far sciogliere dolcemente in padella i formaggi con la panna. Cuocere gli gnocchi in acqua bollente salata, scolarli con la schiumarola e condirli con la salsa ai formaggi. Completare con un po' di erba cipollina tritata e una macinata di pepe.

la farcia...

... per i cannelloni da arrotolare

le melanzane grigliate

CANNELLONI GRIGLIATI

Se volete giocare un po' con gli ingredienti e stupire i vostri ospiti, provate a cucinare i cannelloni non in forno, ma sulla griglia.

Affettare la melanzana per il lungo e grigliarla sulla bistecchiera con un filo di olio oppure in forno. Insaporire la passata di pomodoro cuocendola a fuoco dolce con l'aglio, il sale e il basilico per 10 minuti. Preparare la farcia dei cannelloni mescolando la ricotta con l'uovo, il grana, il pangrattato e il sale. Quando le fette di melanzane saranno morbide, tagliarle a pezzetti e unirle al composto. Farcire la pasta fresca con il composto e arrotolarla formando i cannelloni. Disporre i cannelloni crudi sulla bistecchiera leggermente unta di olio e cuocerli rigirandoli su entrambi i lati finché non saranno ben abbrustoliti e croccanti. Servirli con il sugo di pomodoro e completare con la mozzarella tagliata a dadini e qualche foglia di basilico.

INGREDIENTI

per 4 persone:

- 300 g di lasagne fresche all'uovo
- 1 melanzana
- 250 ml di passata di pomodoro
- 250 g di ricotta
- 1 mozzarella di bufala
- 1 uovo
- 1 spicchio di aglio
- 2 cucchiai di grana grattugiato
- 2 cucchiai di pangrattato
- basilico qb
- olio extravergine
- sale

RAVIOLI AL CAPRINO CON I FUNGHI

INGREDIENTI

per 4 persone:

Per i ravioli
- 200 g di farina
- 2 uova
- sale

Per il sugo
- 150 g di funghi porcini surgelati
- 1 spicchio di aglio
- ½ bicchiere di vino bianco
- prezzemolo tritato qb
- burro qb
- olio extravergine
- sale

Per la farcia
- 100 g di caprino
- 100 g di ricotta
- 50 g di grana grattugiato

Versare a montagnola la farina in una ciotola, scavare un buco al centro, romperci le uova, unire il sale e con la forchetta sbattere per impastare. Continuare a lavorare con le mani fino a formare un panetto liscio. Lasciarlo riposare avvolto nella pellicola da cucina. Rosolare i funghi in padella con olio, aglio e una noce di burro. Salare e sfumare con il vino bianco. Per la farcia, mescolare i formaggi in una ciotola. Tirare la pasta con la macchinetta fino al penultimo ingranaggio, farcire ogni striscia di pasta con una cucchiaiata di ripieno di formaggi, distribuendolo a mucchietti e avendo cura di lasciare libera una buona metà della pasta. Richiudere ripiegando il lembo libero su quello con la farcia a mucchietti, bagnando leggermente i bordi in modo da sigillarli. Ritagliare i ravioli con l'apposita rotella. Lessarli e scolarli delicatamente con una schiumarola, quindi ripassarli nel sugo di funghi a fuoco medio per meno di un minuto. Completare con una manciata di prezzemolo tritato.

Nel super ristorante di Carlo Cracco a Milano ho assaggiato degli spettacolari raviolini con un ripieno di cagliata e un sughino di funghi. Mi sono innamorata del contrasto tra l'acidulo della cagliata e il sapore burroso dei funghi, così ho provato a crearne una versione molto più casalinga sostituendo la cagliata (che è difficile da trovare) con un semplice caprino del banco frigo del supermercato. Lo so, Cracco storcerebbe il naso... ma io dico che sono buonissimi!

i carciofi stufati

i ravioli pronti da lessare

RAVIOLI VERDI CON STRACCHINO E CARCIOFI

Mi piacciono tantissimo i ravioli ripieni di formaggio. Adoro il momento in cui si rompono sul palato e lasciano fuoriuscire il loro cuore cremoso. I più semplici sono quelli con la farcia di ricotta e parmigiano, conditi con pomodorini. La versione che vi presento, invece, è un po' più sofisticata, con un cucchiaio di pesto nell'impasto, un cuore di stracchino e un condimento di carciofi. Semplicemente divina!

INGREDIENTI

per 4 persone:

Per i ravioli
- 220 g di farina
- 2 uova
- 1 cucchiaio di pesto
- sale

Per il ripieno
- 100 g di stracchino
- scorza di 1 limone non trattato

Per il condimento
- 2 carciofi
- 1 cipollotto
- olio extravergine
- sale

Versare la farina in una ciotola, rompere le uova al centro, unire il sale e una cucchiaiata di pesto. Cominciare a impastare prima con la forchetta, poi con le mani fino a ottenere una consistenza plastica e compatta. Lasciare riposare l'impasto avvolto nella pellicola. Affettare sottilmente i carciofi e rosolarli in padella con l'olio e il cipollotto tritato. Salare, sfumare con un po' di acqua e cuocere per 6-7 minuti con il coperchio. Stendere l'impasto con la macchinetta, o a mano con il mattarello. Farcire ogni striscia di pasta con un abbondante cucchiaio di stracchino, distribuendolo a mucchietti e aggiungendo a ciascun mucchietto la scorza grattugiata del limone. Disporre il ripieno lasciando libera una buona metà della striscia di pasta, quindi chiudere ripiegando il lembo libero su quello con la farcia a mucchietti. Bagnare i bordi con un po' di acqua per sigillare la pasta come si deve. Ritagliare i ravioli con l'apposita rotella o con un coltello. Lessarli in acqua salata, scolarli con la schiumarola per non romperli, quindi saltarli in padella con il sugo ai carciofi.

RISOTTI & ZUPPE RISOTTI & ZU
UPPE RISOTTI & ZUPPE RISOTTI
RISOTTI & ZUPPE RISOTTI & ZU
UPPE RISOTTI & ZUPPE RISOTTI
RISOTTI & ZUPPE RISOTTI & ZU
UPPE RISOTTI & ZUPPE RISOTTI
RISOTTI & ZUPPE RISOTTI & ZU
UPPE RISOTTI & ZUPPE RISOTTI
RISOTTI & ZUPPE RISOTTI & ZU
UPPE RISOTTI & ZUPPE RISOTTI
RISOTTI & ZUPPE RISOTTI & ZU
UPPE RISOTTI & ZUPPE RISOTTI
RISOTTI & ZUPPE RISOTTI & ZU
UPPE RISOTTI & ZUPPE RISOTTI
RISOTTI & ZUPPE RISOTTI & ZU
UPPE RISOTTI & ZUPPE RISOTTI
RISOTTI & ZUPPE RISOTTI & ZU
UPPE RISOTTI & ZUPPE RISOTTI
RISOTTI & ZUPPE RISOTTI & ZU
UPPE RISOTTI & ZUPPE RISOTTI
RISOTTI & ZUPPE RISOTTI & ZU
UPPE RISOTTI & ZUPPE RISOTTI

RISOTTI

& ZUPPE

Il primo piatto che ho cucinato è stato un risotto. Avevo 15 anni. Al momento della mantecatura con il burro e il parmigiano, ho capito che la cucina è davvero una magia meravigliosa...

RISOTTO ALLA MISTICANZA E ACETO BALSAMICO

A casa mia il risotto è sicuramente il primo più amato. Fabio ne va pazzo e, pur non essendo un tipo che regala tanti complimenti, mi ha eletta campionessa mondiale! Questo esperimento è stato un vero successo che poi ho replicato anche per gli amici. Forse non dovrei dirlo, perché non "fa molto chic", ma questa è anche la ricetta perfetta per riciclare un'insalatina un po' appassita...

INGREDIENTI

per 4 persone:

- 350 g di riso Arborio
- 150 g di misticanza
- 100 g di misto per soffritto
- 60 g di grana grattugiato
- 40 g di burro
- 5 cucchiai di aceto balsamico
- 1 bicchiere di vino bianco
- 1 spicchio di aglio
- brodo vegetale qb
- glassa di aceto balsamico qb
- prezzemolo e basilico tritati qb
- olio extravergine
- sale

Rosolare il misto per soffritto con l'aglio, l'olio e metà del burro. Unire il riso e farlo tostare per qualche minuto. Sfumare con il vino bianco e lasciar evaporare. Salare e versare il brodo caldo poco alla volta, portando il risotto a cottura. Aggiungere l'aceto balsamico e la misticanza. A fuoco spento mantecare con burro e grana. Completare con il prezzemolo e il basilico tritati e un po' di glassa di aceto balsamico per decorare il piatto.

RISOTTO CON LE CAPESANTE

Adoro le capesante! Belle da vedere, polpose, saporite... le amo gratinate al forno con pangrattato e burro, ma Fabio non le apprezza più di tanto. Unite al risotto, però, le ha trovate irresistibili. Ho tritato la parte bianca, cioè la noce, e l'ho aggiunta a crudo durante la mantecatura. Il corallo, invece, l'ho frullato e l'ho messo nel risotto in cottura per dargli sapore. Davvero notevole!

INGREDIENTI

per 4 persone:

- 320 g di riso Arborio
- 4-5 capesante
- 1 cipolla
- 1 bicchiere di vino bianco
- brodo vegetale qb
- finocchietto qb
- burro qb
- olio extravergine
- sale

Tritare la cipolla e rosolarla con l'olio. Unire il riso e farlo tostare. Salare e sfumare con il vino bianco, quindi portare il risotto a cottura aggiungendo il brodo bollente un po' alla volta. Andrà bene anche il brodo preparato con il dado vegetale. Con un coltello tritare la noce delle capesante (cioè la parte bianca) insieme al finocchietto. Frullare il corallo (cioè la parte rossa) nel mixer con olio e sale, fino a ottenere una cremina. Incorporare al risotto la crema ottenuta e completare la cottura. A fuoco spento, mantecare con il burro e la tartare di capesante aromatizzata al finocchietto, che si cuocerà semplicemente a contatto con il riso caldo.

RISOTTO CON PORRI, ROSMARINO E LIMONE

Il connubio tra scorza di limone, rosmarino, panna e grana è davvero unico. Quando servirete questo risotto, i vostri ospiti chiuderanno gli occhi e vi chiederanno sognanti quali siano gli ingredienti!

INGREDIENTI

per 4 persone:

- 320 g di riso Arborio
- 50 g di grana grattugiato
- 50 ml di panna fresca
- 2 porri
- 1 spicchio di aglio
- 1 bicchiere di vino bianco
- scorza di 1 limone non trattato
- rosmarino qb
- brodo vegetale qb
- olio extravergine
- sale

Tritare i porri finemente e stufarli in padella con olio, aglio e qualche cucchiaio di acqua per non farli bruciare. Aggiungere il riso e lasciarlo tostare. Aggiustare di sale, sfumare con il vino bianco e far evaporare. Portare a cottura il risotto aggiungendo il brodo bollente poco alla volta. Tritare il rosmarino sminuzzandolo molto finemente. Quando il riso è quasi pronto, aggiungere il rosmarino e la scorza di limone grattugiata... non prima, mi raccomando, altrimenti il riso risulterà amaro! A fuoco spento mantecare con il grana e la panna.

RISOTTO AI FUNGHI E MIRTILLI

Quando preparo questo risotto, il successo è assicurato. L'aggiunta dei mirtilli ripassati nel burro con un pizzico di sale rende questo primo davvero unico. Perfetto d'estate e anche d'inverno.

INGREDIENTI

per 4 persone:

- 450 g di riso Arborio
- 200 g di funghi porcini surgelati
- 120 g di mirtilli
- 50 g di grana grattugiato
- 10 g di funghi secchi
- 1 scalogno
- vino bianco qb
- burro qb
- brodo vegetale qb
- olio extravergine
- sale

Ammollare i funghi secchi nell'acqua. Tritare lo scalogno e rosolarlo in una pentola con un filo di olio e il burro. Unire al soffritto i funghi secchi strizzati e tritati, e subito dopo aggiungere quelli surgelati. Cuocere per qualche minuto in modo che perdano un po' di acqua, quindi versare il riso, salarlo e tostarlo. Sfumare con il vino bianco e portare il risotto a cottura aggiungendo il brodo vegetale bollente poco alla volta. Nel frattempo, in un'altra padella, cuocere i mirtilli per un paio di minuti con una noce di burro e un pizzico di sale. Poco prima che il risotto sia pronto, incorporarvi i mirtilli. Spegnere il fuoco e mantecare con burro e grana.

misto per soffritto e speck

il soffritto in cottura

ZUPPA DI LENTICCHIE CON GNOCCHETTI

INGREDIENTI

per 4 persone:

- 500 g di lenticchie in scatola
- 150 g di misto per soffritto
- 100 g di speck
- 100 g di gnocchetti sardi
- 1 cucchiaino di concentrato di pomodoro
- grana grattugiato qb
- olio extravergine
- sale e pepe

Questa è una ricetta perfetta da servire dopo Capodanno. Al posto delle lenticchie in scatola, potete usare quelle avanzate dal cenone di San Silvestro!

In una casseruola rosolare il misto per soffritto con l'olio e unire lo speck tagliato a listarelle. Dopo qualche minuto aggiungere le lenticchie scolate, allungare con acqua calda fino a un dito circa sopra le lenticchie e aggiustare di sale. Portare a bollore, quindi togliere dal fuoco e dare una frullata con il frullatore a immersione. Rimettere sul fuoco, aggiungere il concentrato di pomodoro e gli gnocchetti sardi. Se la zuppa risulta troppo densa, versare altra acqua. Portare la pasta a cottura, quindi completare con il grana e una spolverizzata di pepe.

CUSCUS BLOODY MARY

A volte mi dimentico quanto è buono il cuscus! I miei figli lo adorano e quando lo porto in tavola è sempre una festa! Ci sono tante varianti golose, forse la più semplice è quella con le verdure. Io uso spesso quelle surgelate pronte da saltare in padella. Facilissimo, no? Questa volta, per insaporire in maniera veramente speciale i grani del cuscus, li ho fatti rinvenire nel succo di pomodoro!

INGREDIENTI

per 4 persone:

- 250 g di cuscus
- 1 kg di fave fresche
- 300 g di piselli surgelati
- 250 ml di succo di pomodoro
- 3 cipollotti
- 3 gambi di sedano
- 1 carota
- 1 spicchio di aglio
- basilico qb
- olio extravergine
- sale

Scaldare il succo di pomodoro in un pentolino, poi trasferirlo in una ciotola e versarvi anche il cuscus, facendolo rinvenire insieme a 3 cucchiai di olio e un po' di sale. Sgranare le fave, quindi sbollentarle con i piselli in acqua salata per circa 6-7 minuti. Affettare i cipollotti, tagliare la carota a rondelle, poi rosolare le verdure insieme in una padella con olio e aglio. Unire infine il sedano a pezzetti. Scolare fave e piselli e metterli nel soffritto, aggiungendo sale e basilico tritato. Cuocere brevemente. Sgranare il cuscus nella ciotola. Se è troppo secco, aggiungere un mestolino di acqua di cottura delle fave. Trasferirlo nella padella con le verdure e saltare a fuoco vivace per circa un minuto.

VELLUTATA DI PATATE E FUNGHI

Le vellutate sono un must dell'inverno. Sane, buone e leggere, sono la migliore alternativa alla pasta... E poi, quando fuori fa freddo, sono davvero piacevoli. A casa io le servo sempre con i crostini. È anche un ottimo sistema per riciclare il pane secco dei giorni precedenti. Peccato che, distratta da una chiacchiera o da una telefonata, il più delle volte li faccio bruciare!

INGREDIENTI

per 4 persone:

- 400 g di patate
- 400 g di champignon puliti e affettati
- 400 g di funghi chiodini surgelati
- 400 ml di brodo fatto con dado e acqua
- 50 ml di panna fresca
- 2 spicchi di aglio
- prezzemolo qb
- crostini di pane qb
- olio extravergine
- sale e pepe

Sbucciare le patate e tagliarle a dadini. Schiacciare l'aglio e rosolarlo in una casseruola con l'olio, quindi unire i funghi e le patate. Regolare di sale e lasciar cuocere per qualche minuto. Aggiungere il brodo caldo, coprendo le verdure a filo, e far andare per circa 30 minuti a fuoco dolce. Se necessario, aggiungere altro brodo durante la cottura, tenendo presente che alla fine la zuppa non dovrà risultare brodosa ma densa e corposa. A fuoco spento frullare grossolanamente con il frullatore a immersione, in modo che si sentano ancora dei pezzi di patate e funghi. Versare infine la panna per rendere il piatto più cremoso. Mescolare bene, riaccendere il fuoco e lasciare sobbollire ancora per qualche minuto. Completare con una macinata di pepe, qualche crostino di pane e una spolverizzata di prezzemolo tritato.

TOMATO SOUP

INGREDIENTI

per 4 persone:

- 800 ml di passata di pomodoro
- 200 ml di latte
- 50 g di burro
- 2 cucchiai di farina
- 1 cipolla
- 1 carota
- 1 cucchiaino di concentrato di pomodoro
- 1 foglia di alloro
- 1 cucchiaino di dado granulare
- timo qb
- olio extravergine
- sale

Adoro la zuppa di pomodoro, che non ha nulla a che vedere con la pappa al pomodoro toscana. Si tratta della classica *Tomato Soup* inglese, vellutata e cremosa. Buona in tutte le stagioni!

Affettare carota e cipolla e soffriggerle in una pentola con il burro e poco olio. Aggiungere la farina e tostare brevemente. Unire la passata e il concentrato di pomodoro, l'alloro e il dado granulare. Aggiustare di sale. Cuocere per circa 15 minuti a fuoco dolce. Quando la zuppa è pronta, togliere l'alloro e, a fuoco spento, unire il latte e frullare. Completare con una manciata di foglioline di timo.

& PANINI PANE, PIZZA & PANINI PANE, PIZZA & PAN
NE, PIZZA & PANINI PANE, PIZZA & PANINI PANE, PIZZ
& PANINI PANE, PIZZA & PANINI PANE, PIZZA & PAN
NE, PIZZA & PANINI PANE, PIZZA & PANINI PANE, PIZZ
& PANINI PANE, PIZZA & PANINI PANE, PIZZA & PAN
NE, PIZZA & PANINI PANE, PIZZA & PANINI PANE, PIZZ
& PANINI PANE, PIZZA & PANINI PANE, PIZZA & PAN
NE, PIZZA & PANINI PANE, PIZZA & PANINI PANE, PIZZ
& PANINI PANE, PIZZA & PANINI PANE, PIZZA & PAN
NE, PIZZA & PANINI PANE, PIZZA & PANINI PANE, PIZZ
& PANINI PANE, PIZZA & PANINI PANE, PIZZA & PAN
NE, PIZZA & PANINI PANE, PIZZA & PANINI PANE, PIZZ
& PANINI PANE, PIZZA & PANINI PANE, PIZZA & PAN
NE, PIZZA & PANINI PANE, PIZZA & PANINI PANE, PIZZ
& PANINI PANE, PIZZA & PANINI PANE, PIZZA & PAN
NE, PIZZA & PANINI PANE, PIZZA & PANINI PANE, PIZZ
& PANINI PANE, PIZZA & PANINI PANE, PIZZA & PAN
NE, PIZZA & PANINI PANE, PIZZA & PANINI PANE, PIZZ
& PANINI PANE, PIZZA & PANINI PANE, PIZZA & PAN
NE, PIZZA & PANINI PANE, PIZZA & PANINI PANE, PIZZ

PANE, PIZZA & PANINI

Non c'è niente di più rilassante che impastare, e non c'è niente di più gratificante che sfornare un pane fatto in casa...

le fave stufate

l'impasto lievitato

la focaccia pronta da infornare

FOCACCIA CON LE FAVE

Affettare lo scalogno e rosolarlo in padella con l'olio. Unire le fave, mezzo bicchiere di acqua, una presa di sale e lasciare cuocere con il coperchio. Quando le fave saranno morbide, frullarle con un po' del loro sughetto. Mescolare la farina con lo zucchero, 2 cucchiaini di sale e 3 cucchiai di olio. Sciogliere il lievito nell'acqua tiepida, aggiungerlo all'impasto poco alla volta continuando a mescolare. Unire anche la crema di fave intiepidita e lavorare per 10 minuti con le mani o con un cucchiaio, fino a ottenere un impasto liscio. La consistenza risulterà piuttosto morbida, ma non vi preoccupate: è giusto così. Coprire con un canovaccio e far lievitare per circa un'ora. Quindi stendere l'impasto con le mani su una teglia unta di olio. Emulsionare 3 cucchiai di acqua con 4 di olio e una presa di sale e versare sulla focaccia, quindi schiacciare l'impasto con le dita formando delle fossette. Cuocere per 20 minuti a 230 °C in forno caldo ventilato.

INGREDIENTI

per 8 persone:

- 600 g di fave fresche sgusciate
- 500 g di farina
- 20 g di lievito di birra in panetto
- 200 ml di acqua tiepida
- ½ bicchiere di acqua
- 1 scalogno
- 1 cucchiaio di zucchero
- olio extravergine
- sale

Non pensavo che si potesse mescolare una purea di fave frullate all'impasto della pizza, e invece il mio esperimento è davvero riuscito! Verdissima, particolare, perfetta da servire con salumi e pecorino, questa focaccia è incredibile.

l'uovo al tegamino

pane, formaggio e bacon

Quando cucino, prendo ispirazione da tutto. Le persone che incontro, i libri che leggo e i film che guardo, come in questo caso. *Spanglish* è un film molto carino che ho visto con i miei figli. A un certo punto, in una scena del tutto marginale, il protagonista si prepara questo sontuoso panino con un meraviglioso uovo al tegamino. Sono tornata indietro con l'immagine mille volte per capire bene quali fossero gli altri ingredienti. Il giorno dopo, il panino era sulla mia tavola!

PANINO SPANGLISH

INGREDIENTI

per 2 persone:

- 4 fette di pane
- 8 fette di bacon
- 2 uova
- 2 pomodori
- formaggio spalmabile qb
- lattuga qb
- erba cipollina qb
- burro qb
- sale

Rosolare il bacon in padella senza l'aggiunta di condimento finché non risulterà bello croccante. A parte, rompere le uova in un tegamino unto di burro, salarle e cuocerle lasciando il tuorlo morbido. Tostare il pane, mescolare il formaggio con l'erba cipollina tritata, quindi spalmarlo sulle fette tostate. Comporre il panino mettendo tra le fette di pane il bacon croccante, poi la lattuga, il pomodoro a fettine e per finire l'uovo.

FOCACCIA CON TACCHINO TONNATO

Srotolare la pasta per pizza e, se c'è tempo, lasciarla lievitare per una mezzoretta ungendola con un po' di olio. Infornare a 200 °C per 10 minuti circa. Nel frattempo, preparare la salsa tonnata frullando nel mixer il tonno con la maionese, i capperi ben risciacquati e l'acciuga. Quando la pizza è pronta e cotta, guarnirla ancora calda con la salsa tonnata, le fette di tacchino e i pomodorini. Servire tagliata a fette.

Ho assaggiato questa strana focaccia al *Dry*, un locale di Milano famoso per le sue buonissime pizze. All'inizio non volevo credere che una salsa tonnata e una fettina di tacchino potessero sposarsi bene con una focaccia... poi al primo assaggio ho cambiato idea! Ma il bello della cucina è anche questo, no? Lasciarsi stupire. Provate anche voi: questa focaccia è un accompagnamento perfetto per un aperitivo.

INGREDIENTI

per 4 persone:

- 1 rotolo di pasta per pizza
- 100 g di fesa di tacchino affettata in salumeria
- 125 g di tonno sott'olio
- 3 cucchiai di maionese
- 1 cucchiaio di capperi sotto sale
- 1 filetto di acciuga sott'olio
- pomodorini per guarnire
- olio extravergine

PIADA PIZZA FILANTE

Quando non ho voglia di fare o comprare la pizza, mi diverto a farcire la piadina. Il risultato è ottimo, e la fantasia non conosce limiti!

INGREDIENTI

per 2 persone:

- 2 piadine
- 250 g di stracchino
- 6 pomodorini
- 1 cucchiaio di pinoli
- 1 mazzetto di rucola
- olio extravergine
- sale

Mettere le piadine su una teglia rivestita di carta forno e guarnirle con lo stracchino a pezzetti e i pomodorini tagliati a metà. Condire con un filo di olio e infornare per qualche minuto, il tempo di far sciogliere il formaggio. Intanto preparare il pesto frullando i pinoli con un po' di rucola (lasciandone un po' da parte), il sale e l'olio. Completare le piadine con qualche cucchiaiata di pesto e una manciata di rucola fresca.

l'avocado, la cipolla e il controfiletto

la carne marinata e la salsa al rafano

PIADINE CON IL CONTROFILETTO ALLA PAPRIKA E AVOCADO

Strofinare la carne con l'aglio e condirla con olio e paprika. Cuocerla sulla griglia ben calda o in una padella antiaderente, girandola su entrambi i lati. Nel frattempo grattugiare il rafano e mescolarlo con un pizzico di sale e la crème fraîche. Scaldare le piadine in padella. Tagliare l'avocado a fettine e la cipolla cruda ad anelli. Una volta cotta, salare la carne e tagliarla a striscioline. Farcire le piadine con una cucchiaiata di crème fraîche e rafano, poi unire la carne, l'avocado e gli anelli di cipolla. Se non vi piacciono crudi, potete cuocerli prima, insieme con la carne.

INGREDIENTI

per 4 persone:

- 4 piadine
- 600 g di controfiletto
- 100 ml di crème fraîche (panna acida*)
- 3 cucchiai di rafano grattugiato
- 2 cucchiaini di paprika
- 1 spicchio di aglio
- 1 avocado
- 1 cipolla rossa
- olio extravergine
- sale

**Se non trovate la panna acida, potete farla voi aggiungendo alla panna fresca un po' di succo di limone. Se la consistenza resta troppo liquida, unite eventualmente un po' di yogurt greco o della ricotta.*

Dopo tante estati passate in Romagna, la piada non mancherà mai nel mio frigo. Provatela anche voi con una bella tagliata di controfiletto, un po' di avocado e una punta di piccante data dal rafano. Una versione fusion davvero golosa!

PANE ALLA CANNELLA

INGREDIENTI

per 8 persone:

- 450 g di farina
- 60 g di zucchero
- 60 g di burro
- 10 g di sale
- 225 ml di latte
- 1 cubetto di lievito di birra

Per il ripieno
- 65 g di zucchero
- 10 g di cannella

Questo pane alla cannella è stato una vera rivelazione! All'inizio avevo delle perplessità vista la grande quantità di cannella che bisogna usare. Quando però l'ho assaggiato, mi sono dovuta ricredere completamente. È un filone di pane meraviglioso, perfetto come dessert, ma anche come accompagnamento a tavola. Assolutamente da provare!

Mescolare la farina con il lievito e il latte. Unire il burro fuso, il sale e lo zucchero. Impastare bene per una decina di minuti in modo da attivare la lievitazione, quindi trasferire l'impasto in una ciotola coperta da un canovaccio o dalla pellicola per alimenti. Lasciare riposare per circa un'ora. Nel frattempo, mescolare in una ciotola a parte lo zucchero e la cannella. Concluso il tempo di lievitazione, stendere l'impasto su un foglio di carta forno lasciandolo alto circa un dito e dandogli una forma rettangolare, quindi farcirlo con il mix di zucchero e cannella. Arrotolare il pane con l'aiuto del foglio di carta forno e trasferirlo in uno stampo da plumcake. Se non si va di fretta, lasciar lievitare ancora per 20-30 minuti, altrimenti cuocere subito a 190 °C, in forno statico, per 35 minuti.

il primo strato

la seconda fetta di pane e...

... il secondo strato di condimento

CLUB SANDWICH

Spalmare le fette di pane con un po' di burro, metterle sulla placca da forno rivestita con la carta forno e tostarle al grill per 3 minuti (in alternativa, passarle nel tostapane). Sbattere l'uovo in una ciotola con un pizzico di sale, versarlo in una padella unta di olio e preparare una frittata. Tagliare a fette il pomodoro e tenerlo da parte. Rosolare le fette di bacon in padella senza aggiungere condimento. Rigirarle finché non saranno ben dorate e croccanti, quindi asciugarle sulla carta da cucina. Assemblare il sandwich spalmando la prima fetta con maionese e senape, poi aggiungere il bacon e la frittata. Chiudere con un'altra fetta di pane. Proseguire con il secondo strato: prima maionese e senape, poi la fesa di tacchino, il pomodoro, il sale e la lattuga. Completare con una fetta di pane spalmata sempre con maionese e senape. Tagliare il club sandwich trasversalmente formando 4 triangoli e infilzare ciascuno con uno stecco.

INGREDIENTI

per 4 persone:

- 5 fette di bacon
- 3 fette di pane in cassetta (tipo maxi sandwich)
- 4 fette di fesa di tacchino affettata in salumeria
- 100 g di maionese
- 70 g di senape all'antica
- 1 uovo
- 1 pomodoro
- 1 foglia di lattuga
- burro qb
- olio extravergine
- sale
- 4 stecchi lunghi

Io posso resistere a tutto... ma non a un club sandwich! Adoro tutti i panini, ma impazzisco letteralmente per quelli super farciti con tanti strati di pane e salsine multiple... Certo, di club sandwich ci sono molte versioni. Voi provate la mia e non ve ne pentirete!

CROQUE MONSIEUR

INGREDIENTI

per 4 persone:

- 8 fette di pane integrale
- 75 g di senape di Digione
- 4 fette di groviera
- 4 fette di prosciutto cotto
- 4 cucchiai di groviera grattugiato
- 3 uova
- 1 bicchiere di latte
- salsa Worcester qb
- sale

Questo piatto è perfetto per il brunch della domenica. Lo si prepara la sera prima e lo si cuoce la mattina. Più semplice di così!

Spalmare le fette di pane con la senape. Farcire i panini con prosciutto e formaggio, quindi richiuderli, tagliarli a triangoli e disporli su una pirofila. Sbattere le uova con il sale, il latte e qualche goccia di salsa Worcester. Versare il composto sui panini, coprire la pirofila e lasciarla in frigo per tutta la notte. Prima di infornare, cospargere con il groviera grattugiato e cuocere in forno a 200 °C per 20 minuti.

FOCACCINE DI LUCIA

Ecco delle meravigliose focaccine integrali che Lucia Mosci, finalista della prima edizione di *Bake Off Italia*, ha proposto in una puntata. Io le ho trovate deliziose: croccanti fuori e morbide dentro... In una parola: perfette! Grazie a Lucia che mi ha regalato la ricetta!

INGREDIENTI

per 8 persone:

- 300 g di farina integrale
- 200 g di farina Manitoba
- 15 g di lievito di birra in panetto
- 5 g di miele
- 300 ml di acqua tiepida
- 25 ml di olio extravergine
- sale

Per la marmellata

- 500 g di pere Williams
- 225 g di zucchero
- 18 ml di succo di limone
- 3 g di pectina
- 60 g di noci sgusciate

Impastare le farine con l'acqua (in cui si è già sciolto il lievito), aggiungere il miele, l'olio e un cucchiaino di sale. Lavorare per almeno 10 minuti. Fare riposare per circa 2 ore in una ciotola, coprendo l'impasto con un canovaccio. Quando sarà raddoppiato di volume, stenderlo con il mattarello, lasciandolo abbastanza alto. Ritagliare le focaccine con il bordo di un bicchiere, trasferirle su una teglia rivestita di carta forno, coprirle con la pellicola e farle lievitare di nuovo. Schiacciarle con le dita, spennellarle con l'olio e salarle. Infornare a 180 °C in forno ventilato per 10 minuti. Per la marmellata, sbucciare e affettare le pere, cuocerle con lo zucchero, il succo di limone e la pectina. Lasciare sul fuoco per mezzora, poi unire le noci tritate grossolanamente. Farcire le focaccine con la marmellata e formaggi a piacere.

il guacamole da frullare

gli hamburger grigliati

HAMBURGER FAJITAS

Meglio l'hamburger o le fajitas messicane? Perché dover scegliere, quando si possono mescolare due tradizioni e creare qualcosa di nuovo e spettacolare?!

Grigliare gli hamburger in una bistecchiera o in una padella antiaderente, quindi salare. Per il guacamole, sbucciare l'avocado e frullarlo nel mixer con il cipollotto, i pomodorini tagliati a metà, una presa di sale e il succo di limone. Tagliare i panini e spalmare l'interno di ogni fetta con un po' di crème fraîche. Farcire quindi con l'hamburger, una fetta di pomodoro, una generosa cucchiaiata di guacamole e una foglia di lattuga per finire. Richiudere il panino e servire.

INGREDIENTI

per 2 persone:

- 2 hamburger di carne
- 2 panini
- 2 cucchiaiate di crème fraîche (panna acida*)
- 2 foglie di lattuga
- 1 pomodoro
- sale

Per il guacamole

- 1 avocado maturo
- 1 cipollotto
- 4-5 pomodorini
- succo di 1 limone o di 1 lime
- sale

**Se non trovate la panna acida, potete farla voi aggiungendo alla panna fresca un po' di succo di limone. Se la consistenza resta troppo liquida, unite eventualmente un po' di yogurt greco o della ricotta.*

le palline ripiene...

... nel sugo...

... e nello stampo

INGREDIENTI

PIZZA PAZZA

per 6 persone:

- 1 rotolo di pasta per pizza
- 200 g di carne trita di maiale
- 200 g di carne trita di manzo
- 100 g di emmental
- 1 cucchiaino di concentrato di pomodoro
- 1 rametto di rosmarino
- 2 cucchiai di misto per soffritto
- 2 spicchi di aglio
- passata di pomodoro qb
- ½ bicchiere di vino bianco
- noce moscata qb
- olio extravergine
- sale

Questa pizza è davvero pazza! Si tratta di palline di pasta per pizza ripiene di ragù e formaggio, ripassate nel sugo rosso. Tutte insieme formano una corona da sbocconcellare, pallina dopo pallina. L'idea mi è venuta assaggiando il *Monkeybread*, una tipica ricetta americana che io ho voluto italianizzare.

In una padella, rosolare il misto per soffritto con olio e aglio. Unire i due tipi di carne, il sale, un pizzico di noce moscata e cuocere per qualche minuto. Sfumare con il vino bianco e, una volta evaporato, unire un po' di passata e il concentrato di pomodoro. Aggiungere il rosmarino e far andare il ragù per una mezzora con il coperchio. Spegnere il fuoco e lasciar intiepidire. Grattugiare l'emmental usando il foro per le carote a julienne, poi incorporarlo al ragù raffreddato eliminando il rosmarino. Srotolare la pasta per pizza, dividerla in due strisce, quindi farcire ciascuna con dei mucchietti di ragù, avendo cura di lasciare libera una buona metà nel senso della lunghezza. Sovrapporre il lembo libero a quello con il ripieno, quindi ritagliare dei quadrati (con il coltello o con la rotella), come se fossero dei ravioli. Sigillarli e lavorarli con le mani formando tante palline. Condire la passata di pomodoro con qualche cucchiaio di olio, quindi immergervi le palline disponendole in uno stampo a ciambella leggermente unto di olio. Cuocere la Pizza pazza a 180 °C in forno ventilato per 30 minuti. Servire tiepida, staccando una pallina per volta.

INGREDIENTI

per 8 persone:

- 300 g di castagne sottovuoto
- 400 g di farina Manitoba
- 1 cucchiaio scarso di zucchero
- ½ cubetto di lievito di birra
- 150 ml di latte tiepido
- 100 ml circa di acqua
- 2 cucchiaini rasi di sale

PANE DI CASTAGNE

Questo pane è stata una rivelazione. Quando l'ho portato a tavola, nessuno credeva che venisse dal nostro forno: era croccante all'esterno, morbido dentro e meravigliosamente aromatizzato alle castagne. Usando le castagne sottovuoto, è anche facilissimo!

Tritare le castagne nel frullatore fino a ridurle in farina, quindi trasferirle in una ciotola capace. Sciogliere il lievito nel latte, aggiungere lo zucchero e versare il tutto nella ciotola con le castagne. Aggiungere anche la farina e poca acqua alla volta fino a ottenere un impasto morbido ma non appiccicoso. Unire il sale e cominciare a impastare. Io di solito impasto all'interno di una ciotola per non sporcare troppo. Lavorare l'impasto per circa 10 minuti in modo da attivare la lievitazione, quindi ricoprirlo con un canovaccio o con la pellicola per alimenti. Lasciarlo lievitare per un'oretta circa in un luogo lontano da spifferi e correnti d'aria. Una volta lievitato, dare all'impasto una forma allungata tipo filone, sistemarlo su una teglia rivestita di carta forno e praticare dei tagli in superficie. Infornare a 200 °C per 20 minuti circa.

FOCACCIA ALLA MARINARA

Pensate a un bel sugo alle vongole con il pomodoro... Una volta finiti gli spaghetti nel piatto, che cosa si fa? La scarpetta! Forte di questa certezza, ho preparato una pizza farcita con questo sugo. Può sembrare strano, ma è una delle pizze più buone che io abbia mai fatto!

INGREDIENTI

per 4 persone:

- 1 panetto di pasta per pizza (circa 500 g)
- 300 g di passata di pomodoro
- 100 g di vongole decongelate
- 1 cipolla
- 1 spicchio di aglio
- basilico qb
- olio extravergine
- sale

Far lievitare la pasta per pizza in una ciotola ricoperta da un canovaccio. L'impasto si può comprare pronto, oppure lo si può preparare lavorando 500 g di farina con un cubetto di lievito, 3 cucchiai d'olio, un cucchiaino di zucchero, 2 di sale e circa 250 ml di acqua tiepida. Mentre l'impasto lievita, affettare la cipolla e rosolarla con l'olio. Lasciarla appassire, unire le vongole leggermente decongelate (con tutta la loro acqua), la passata, sale, aglio e basilico. Cuocere a fuoco vivace per 10 minuti, così il sughetto si restringe. Stendere la pasta per pizza su una teglia rivestita di carta forno e unta con un filo di olio. Allargarla delicatamente con le dita. Se non si riesce a stenderla bene, aspettare 10 minuti e riprovare: più la pizza riposa più è facile da lavorare! Guarnirla con il sugo alle vongole tiepido e cuocerla in forno ventilato a 200 °C per circa 10 minuti.

la tuna salad

il primo, il secondo e...

... il terzo strato

TUNA SALAD

Tagliare la carota a dadini e il sedano a cubetti. Affettare il cipollotto. Mescolare le verdure in una ciotola con il tonno sgocciolato e la mela (privata della buccia e tagliata a dadini). Unire anche la maionese e la senape. Assemblare il sandwich alternando il pane (se si preferisce, si può tostare prima di farcirlo), la tuna salad, le fette di pomodoro e una foglia di lattuga. Richiudere con una fetta di pane leggermente spalmata all'interno con un velo di tuna salad. Proseguire con il secondo strato, alternando gli ingredienti come prima. Infine, infilare quattro stecchi nel sandwich, in modo da tenerlo fermo, e tagliarlo trasversalmente ricavando 4 triangoli.

Questa insalata di tonno super veloce la si può mangiare all'interno di un panino, oppure la si può servire come antipasto presentandola dentro a una bella foglia di lattuga... Vedrete che scena!

INGREDIENTI

per 4 persone:

- 3 fette di pane in cassetta (tipo maxi sandwich)
- 200 g di tonno sott'olio
- 2 gambi di sedano
- 2 cucchiai di maionese
- 1 cipollotto
- 1 spicchio di mela verde
- 1 pomodoro
- 2 foglie di lattuga
- ½ carota
- 1 cucchiaio di senape
- 4 stecchi lunghi

SNACK & STUZZICHINI SALATI SNACK & STUZZICHINI

& STUZZICHINI SALATI SNACK & STUZZICHINI SALATI SNAC

SNACK & STUZZICHINI SALATI SNACK & STUZZICHINI

& STUZZICHINI SALATI SNACK & STUZZICHINI SALATI SNAC

SNACK & STUZZICHINI SALATI SNACK & STUZZICHINI

& STUZZICHINI SALATI SNACK & STUZZICHINI SALATI SNAC

SNACK & STUZZICHINI SALATI SNACK & STUZZICHINI

& STUZZICHINI SALATI SNACK & STUZZICHINI SALATI SNAC

SNACK & STUZZICHINI SALATI SNACK & STUZZICHINI

& STUZZICHINI SALATI SNACK & STUZZICHINI SALATI SNAC

SNACK & STUZZICHINI SALATI SNACK & STUZZICHINI

& STUZZICHINI SALATI SNACK & STUZZICHINI SALATI SNAC

SNACK & STUZZICHINI SALATI SNACK & STUZZICHINI

& STUZZICHINI SALATI SNACK & STUZZICHINI SALATI SNAC

SNACK & STUZZICHINI SALATI SNACK & STUZZICHINI

& STUZZICHINI SALATI SNACK & STUZZICHINI SALATI SNAC

SNACK & STUZZICHINI SALATI SNACK & STUZZICHINI

& STUZZICHINI SALATI SNACK & STUZZICHINI SALATI SNAC

SNACK & STUZZICHINI SALATI SNACK & STUZZICHINI

& STUZZICHINI SALATI SNACK & STUZZICHINI SALATI SNAC

SNACK & STUZZICHINI SALATI SNACK & STUZZICHINI

& STUZZICHINI SALATI SNACK & STUZZICHINI SALATI SNAC

SNACK &

STUZZICHINI SALATI

L'aperitivo è il momento più rilassante e piacevole della giornata. Insieme a una birra o un bicchiere di vino, bisogna sempre servire qualcosa di piccolo ma super stuzzicante!

MADELEINE SALATE

INGREDIENTI

per 4 persone:

- 160 g di farina
- 100 g di robiola
- 100 g di pancetta
- 50 g di piselli surgelati
- 150 ml di latte
- 1 uovo
- 1 bustina di lievito per torte salate
- burro qb
- sale

Queste madeleine salate sono perfette per arricchire il cestino del pane. Morbidissime e leggere, sono ottime anche per un picnic o un aperitivo. Se non avete le formine da madeleine, potete usare gli stampi da muffin.

Sbollentare i piselli in acqua salata. In una padella, rosolare la pancetta tagliata a dadini piccoli senza aggiungere condimento. In una ciotola amalgamare l'uovo con la robiola e il latte. Unire la farina, il lievito e un pizzico di sale. Quando la pancetta sarà ben croccante, asciugarla sulla carta da cucina, quindi incorporarla all'impasto, insieme ai piselli. Versare il composto negli stampi da madeleine (leggermente imburrati) e infornare a 200 °C per 15 minuti.

BRUSCHETTE AL BATTUTO DI LARDO

Provate a frullare il lardo con le erbe aromatiche e un po' di aglio... spalmate il tutto sulle bruschette e godetevi un momento davvero unico.

INGREDIENTI

per 4 persone:

- 2 fette di pane tipo Altamura
- 100 g di lardo di Colonnata
- 5 foglie di salvia
- 1 ciuffetto di prezzemolo
- ½ spicchio di aglio
- peperoncino in polvere qb

Tostare le fette di pane sulla griglia o su una padella antiaderente oppure nel tostapane. Frullare nel mixer il lardo con il prezzemolo, la salvia, l'aglio e un pizzico di peperoncino. Tagliare le bruschette di pane tostato a metà, spalmarle con il lardo frullato e servire.

BRUSCHETTE AL CONTRARIO

Una bruschetta davvero originale. Il pane sta sopra e la verdura... sotto!

INGREDIENTI

per 4 persone:

- 200 g di mozzarella in filone
- 12 pomodorini
- 2 zucchine
- 2 fette di pane in cassetta
- 1 melanzana
- origano qb
- olio extravergine
- sale

Affettare melanzana e zucchine per il lungo, quindi metterle sulla bistecchiera ben calda, unta con un filo di olio. Tagliare i pomodorini e la mozzarella a cubetti. Sbriciolare il pane e condirlo con olio e origano. Quando le verdure saranno ben grigliate, trasferirle sulla placca da forno rivestita di carta forno e condirle con il sale, la mozzarella e i pomodori a cubetti. Cospargere le verdure con il crumble di pane e ripassarle al grill per 5 minuti.

BOCCONCINI DI ZUCCA

Io vado pazza per i bocconcini di zucca. Li mangio come fossero ciliegie! Lo speck diventa croccantissimo, mentre la zucca, dentro, resta morbida e dolce. Mi raccomando: serviteli caldi ma non bollenti!

INGREDIENTI

per 6 persone:

- 400 g di zucca
- 12 fette di speck
- olio extravergine

Tagliare la zucca a tocchetti, avvolgerli con le fette di speck, quindi disporli su una teglia rivestita di carta forno e condirli con pochissimo olio. Cuocere in forno a 180 °C per circa 20 minuti, finché lo speck non sarà diventato croccante, mentre la zucca rimarrà morbida.

BRUSCHETTA CON SALSICCIA ALL'ARANCIA

Un connubio molto siciliano e incredibilmente fresco per gustare la salsiccia in maniera diversa. Mi raccomando: non dimenticate di mettere la salvia. Fa realmente la differenza!

INGREDIENTI

per 4 persone:

- 300 g di salsiccia
- 4 fette di pane
- succo di ½ arancia
  + 1 arancia per guarnire
- salvia qb
- olio extravergine
- sale

Sgranare la salsiccia, cioè privarla del budello e renderla simile alla carne macinata. Rosolarla in padella con l'olio per qualche minuto, quindi sfumare con il succo di arancia. Unire qualche fogliolina di salvia e un pizzico di sale, poi cuocere per qualche minuto finché la salsiccia non sarà completamente pronta, e il sughetto leggermente ristretto. A parte, tostare il pane con un filo di olio su entrambi i lati. Si può anche tostare nel tostapane o in forno. Disporre le fette di pane caldo una vicino all'altra su un piatto da portata o su un tagliere. Ricoprire con la salsiccia. Completare con delle fettine di arancia tagliate a vivo (private della buccia e della pellicina bianca) e servire.

i rotolini di impasto...

... incisi con la forchetta

BISCOTTI ALLA MAIONESE

Ho voluto provare questi biscotti più che altro per curiosità, e devo dire che mi hanno conquistato grazie alla loro friabilità e a quel gusto a metà tra il dolce e il salato. Il sapore è davvero simile a quello dei famosi Tuc.

INGREDIENTI

per 4 persone:

- 280 g di farina
- 90 g di burro
- 80 g di maionese
- 40 g di zucchero

Lavorare la maionese con il burro sciolto e lo zucchero. Aggiungere la farina e impastare il tutto con le mani. Formare dei rotoli di impasto dai quali ricavare delle palline. Adagiarle su una teglia rivestita di carta forno, schiacciandole leggermente con i rebbi della forchetta. Cuocere in forno a 180 °C per 15 minuti.

la sfoglia farcita...

... e arrotolata ben stretta

la sfoglia tagliata e pronta da infornare

VENTAGLIETTI SALATI

INGREDIENTI

per 8 persone:

- 1 rotolo di pasta sfoglia
- 3 würstel
- 10 pomodorini secchi sott'olio
- 1 uovo

Quando preparo una cena mi piace molto curare anche l'aperitivo, che è uno dei momenti più importanti della serata. Quando gli ospiti arrivano, si scambiano le prime chiacchiere e cominciano a rilassarsi, è bello offrire loro qualcosa di goloso come questi ventaglietti. Sono perfetti da spiluccare con in mano un bel calice di spumante...

Affettare i würstel e frullarli grossolanamente con i pomodorini secchi. Distribuire questa farcia sulla sfoglia. Arrotolare i lembi della sfoglia per il lungo, avvolgendoli su se stessi verso l'interno e formando due rotoli. Meglio arrotolarli stretti stretti, altrimenti quando li taglierete la farcia tenderà a fuoriuscire. Spennellare con l'uovo e affettare entrambi i rotoli, mantenendoli attaccati, in modo da ricavare dei ventaglietti. Disporli su una teglia rivestita di carta forno. Cuocere in forno a 180 °C per 15 minuti.

INGREDIENTI

per 4 persone:

- 4 pomodori perini
- 8 acciughe fresche
- 1 baguette
- olio extravergine
- sale

CROSTINI SAPORITI

D'estate, al mare, quando tornando dalla spiaggia non ho voglia di accendere i fornelli, i crostini di pomodoro sono la mia salvezza!

Affettare i pomodori per il lungo. Tagliare il pane a fettine. Sistemare su ciascun crostino una fetta di pomodoro e un filetto di acciuga. Trasferire i crostini sulla teglia da forno, quindi condirli con un filo di olio e un pizzico di sale e ripassarli al grill per qualche minuto.

le zucchine con il formaggio

i cracker con il burro

CHEESECAKE SALATA NEL BICCHIERE

È la cheesecake più veloce del mondo. In 10 minuti i vostri bicchierini sono preparati e pronti da mangiare, senza bisogno di tempi di riposo!

INGREDIENTI

per 4 persone:

- 12 cracker
- 200 g di ricotta
- 30 g di burro
- 25 g di grana grattugiato
- 3 zucchine
- 1 spicchio di aglio
- 1 rametto di menta
- olio extravergine
- sale

Tagliare le zucchine a cubetti e rosolarle in padella con aglio, olio e sale. Quando sono cotte, eliminare l'aglio. Nel frattempo, far sciogliere il burro e mescolarlo in una ciotola con i cracker sbriciolati grossolanamente. Frullare le zucchine (tenetene da parte una manciata per guarnire) con la ricotta, il grana e qualche foglia di menta. Comporre le cheesecake mettendo in ciascun bicchiere prima i cracker, poi la crema di zucchine e ricotta e, se volete, una manciata di zucchine a cubetti. Completare con un ciuffetto di menta prima di servire.

HUMMUS DI AVOCADO CON CHIPS DI VERDURE

Arricchire l'hummus di ceci con la polpa di avocado è stata un'idea super golosa. La cosa fondamentale è assicurarsi che il frutto sia davvero morbido. Per portarlo a perfetta maturazione, potete lasciarlo per un giorno o due avvolto in un foglio di giornale.

INGREDIENTI

per 4 persone:

- 400 g di ceci in scatola
- 1 avocado
- succo di 1 limone
- paprika qb
- olio extravergine
- sale

Per le chips

- 1 rapa rossa (barbabietola)
- 1 zucchina
- 1 carota
- olio di semi per friggere
- sale

Sciacquare i ceci in scatola sotto l'acqua corrente. Rosolarne una manciata in padella con un filo di olio e una presa di sale. Sbucciare l'avocado, privarlo del nocciolo e metterlo nel mixer con il resto dei ceci, il succo di limone, la paprika e il sale. Frullare fino a ottenere una crema. Trasferire l'hummus in una ciotola e guarnire con i ceci rosolati lasciati interi. Per le chips, affettare sottilmente le verdure con il pelapatate, quindi metterle in una ciotola con acqua fredda, in modo da togliere l'amido e renderle più croccanti. Scolare, asciugare le verdure e friggerle in olio ben caldo. Lasciarle asciugare su un foglio di carta da cucina, salarle e servirle insieme all'hummus.

HOT DOG IN PASTA

Con i würstel non si sbaglia mai. Quando non ho voglia di impastare il pan brioche, uso la pasta per pizza, più leggera e digeribile, vi avvolgo i würstel, e il successo è assicurato! Sono perfetti per le feste e le merende dei bambini, ma anche per gli aperitivi dei grandi!

INGREDIENTI

per 4 persone:

- 1 rotolo di pasta per pizza
- 4 würstel
- 1 uovo
- 150 g di emmental grattugiato
- senape e ketchup qb

Srotolare la pasta per pizza e ricavarne dei dischi ritagliandoli con l'aiuto di un bicchiere, che farà da stampo. Spalmare su ciascun disco un leggero strato di senape, quindi ricoprire con il formaggio grattugiato. Avvolgere il disco di pasta intorno a ogni würstel, lasciando spuntare le estremità. Sigillare bene, spennellando i bordi con l'uovo sbattuto. Disporre gli hot dog sulla teglia rivestita di carta forno e cuocere a 200 °C per 10 minuti. Servire con ketchup e senape.

STECCHI DI GRANA

Il trucco per i miei stecchi di grana è davvero semplicissimo, ma vi assicuro che l'effetto è strabiliante. Mi raccomando: non cuoceteli troppo, o il formaggio diventerà amaro.

INGREDIENTI

per 4 persone:

- 120 g di grana grattugiato (1 cucchiaio colmo per ogni stecco)
- 20 g di semi di papavero (1 cucchiaino per ogni stecco)
- 12 stecchi di legno

Su una teglia rivestita di carta forno distribuire il grana grattugiato aiutandosi con le dita e formando dei dischi, quindi spolverizzarli con i semi di papavero. Posizionare l'estremità di ogni stecco al centro dei dischi di formaggio. Infornare a 200 °C per 2 minuti circa. Una volta pronti, cioè quando il formaggio sarà ben fuso, tirare fuori dal forno e lasciar raffreddare gli stecchi prima di toglierli dalla teglia. Si possono servire infilzati in una grossa forma di pane di Altamura.

i croissant
spennellati con il pesto

la sfoglia farcita

CROISSANT CON SALSICCIA E FORMAGGIO

INGREDIENTI

per 8 persone:

- 1 rotolo di pasta sfoglia
- 550 g di salsiccia
- 6 fette di emmental
- 1 cucchiaio di pesto
- olio extravergine

Facendo la spesa al mercato di piazza Wagner a Milano, mi sono incantata davanti a un bancone che serviva specialità a base di carne di maiale, tra cui questi croissant ripieni di salsiccia e formaggio. Non li ho comprati pronti, ma sono andata immediatamente a casa a provarli. Vi dico solo che a cena sono scrosciati gli applausi!

Srotolare la sfoglia. Privare la salsiccia del budello, sgranarla e disporla sul disco di sfoglia, quindi coprirla con uno strato di fettine di emmental. Ritagliare 8 spicchi, quindi arrotolare ogni spicchio partendo dalla base, formare 8 croissant e trasferirli su una teglia rivestita di carta forno. Diluire il pesto con un cucchiaio di olio e spennellare i croissant con questa salsa. Cuocere a 180 °C in forno ventilato per 15 minuti.

il formaggio e il prosciutto...

... con le uova...

... e la besciamella

CROQUE MADAME MUFFIN

INGREDIENTI

per 4 persone:

- 4 fette di pancarré
- 250 g di besciamella
- 100 g di prosciutto di Praga
- 50 g di emmental
- 50 g di burro fuso + burro qb per ungere gli stampi
- 4 uova

Mi divertono un sacco questi croque madame. Si preparano negli stampi da muffin e si completano con un tuorlo d'uovo. Ottimi a pranzo e a colazione.

Assottigliare le fette di pane schiacciandole con il mattarello, quindi spennellarle con il burro fuso e trasferirle negli stampi da muffin leggermente imburrati. Farcire i croque madame con il prosciutto tagliato a striscioline e un cubetto di emmental. Aggiungere in ciascun muffin un tuorlo, un po' di albume e una cucchiaiata di besciamella. Completare con altro emmental, questa volta grattugiato. Cuocere in forno a 200 °C per circa 10 minuti.

TORTE SALATE TORTE SALAT
E SALATE TORTE SALATE TORT
TORTE SALATE TORTE SALAT
E SALATE TORTE SALATE TORT
TORTE SALATE TORTE SALAT
E SALATE TORTE SALATE TORT
TORTE SALATE TORTE SALAT
E SALATE TORTE SALATE TORT
TORTE SALATE TORTE SALAT
E SALATE TORTE SALATE TORT
TORTE SALATE TORTE SALAT
E SALATE TORTE SALATE TORT
TORTE SALATE TORTE SALAT
E SALATE TORTE SALATE TORT
TORTE SALATE TORTE SALAT
E SALATE TORTE SALATE TORT
TORTE SALATE TORTE SALAT
E SALATE TORTE SALATE TORT
TORTE SALATE TORTE SALAT
E SALATE TORTE SALATE TORT
TORTE SALATE TORTE SALAT
E SALATE TORTE SALATE TORT

TORTE SALATE

Le torte salate sono un perfetto sostituto del primo, un piatto ideale per un buffet, una soluzione ottimale per dare nuova vita a un contorno di verdure avanzate.

la cipolla...

... stufata

la sfoglia ripiena da infornare

SFOGLIA CON CIPOLLE E FORMAGGIO DI CAPRA

INGREDIENTI

per 6 persone:

- 1 rotolo di pasta sfoglia
- 200 g di formaggio di capra
- 200 ml di panna fresca
- 2 cipolle
- 2 uova
- noce moscata qb
- olio extravergine
- sale

Io sono golosissima di questa torta salata. I formaggi di capra sono di gran lunga i miei preferiti; abbinati poi alla dolcezza della cipolla, diventano semplicemente irresistibili. Una fetta di questa sfoglia con un bel bicchiere di vino rosso mi porta letteralmente in paradiso!

Affettare le cipolle e rosolarle in padella con l'olio per qualche minuto. Regolare di sale, unire mezzo bicchiere di acqua e far stufare con il coperchio a fuoco dolce per altri 10 minuti circa. Nel frattempo mescolare in una ciotola le uova con la panna; quando le cipolle saranno pronte, unirle al composto insieme a un pizzico di noce moscata. Aggiustare ancora di sale. Srotolare la pasta sfoglia e trasferirla in una teglia conservando la sua carta forno. Bucherellare la base di sfoglia con i rebbi di una forchetta e farcirla con il composto di uova e cipolle. Completare con il formaggio tagliato a pezzetti e cuocere in forno a 180 °C per 45 minuti.

INGREDIENTI

per 6-8 persone:

- 1 rotolo di pasta sfoglia
- 250 g di tonno sott'olio
- 200 g di ricotta
- 50 g di grana grattugiato
- 70 ml di panna fresca
- 5-6 pomodorini
- 3 uova
- noce moscata qb
- sale e pepe

QUICHE DI ADELE

Le quiche che preferisco sono quelle in cui gli ingredienti vanno messi nella sfoglia direttamente a crudo, come in questo caso: tonno, panna e ricotta creeranno un interno morbido e saporito. Semplicemente irresistibile!

Stendere la sfoglia con la sua carta forno su una teglia, bucherellarla con i rebbi di una forchetta e distribuirci sopra il tonno sgocciolato e spezzettato, la ricotta a cucchiaiate e per finire i pomodorini tagliati a metà. In una ciotola sbattere le uova con la panna, unire un pizzico di sale e di pepe, una grattugiata di noce moscata e il grana. Versare il composto di uova sulla quiche. Cuocere in forno a 200 °C per 20-30 minuti.

STRUDEL PORCINI E TALEGGIO

Mi piace reinterpretare lo strudel in chiave salata. Il preferito di Fabio è da sempre quello con ragù e formaggio, anche se dopo aver assaggiato questa versione, vi assicuro che non è più tanto convinto della sua scelta.

INGREDIENTI

per 6 persone:

- 1 rotolo di pasta sfoglia
- 500 g di funghi porcini surgelati a pezzi
- 150 g di taleggio
- 80 g di stracchino
- 1 scalogno
- 1 uovo
- 1 spicchio di aglio
- prezzemolo qb
- grana grattugiato qb
- olio extravergine
- sale e pepe

Tritare lo scalogno e rosolarlo in padella con l'olio e l'aglio. Aggiungere i funghi. Salare, pepare, unire il prezzemolo tritato e far cuocere per 5 minuti, quindi togliere dal fuoco, lasciar raffreddare ed eliminare l'aglio. Stendere la pasta sfoglia su una teglia rivestita di carta forno e distribuire una manciata di grana sul fondo. Aggiungere la farcia di funghi e i formaggi tagliati a dadini. Con l'aiuto della carta forno chiudere lo strudel formando un bel rotolo. Sigillare bene i bordi, ripiegandoli su se stessi e schiacciandoli con la punta delle dita. In ultimo spennellare con l'uovo sbattuto e infornare a 190 °C per circa 30 minuti.

uno strato di fave e asparagi

la sfoglia ripiena pronta per il forno

QUICHE DI FAVE E PECORINO

INGREDIENTI

per 6 persone:

- 1 rotolo di pasta brisée
- 500 g di fave sgranate
- 50 g di pecorino grattugiato
- 100 ml di panna fresca
- 5 asparagi
- 3 uova
- 1 cipollotto
- olio extravergine
- sale

Questa quiche è davvero molto primaverile, sia nei colori, sia nei sapori. Senza contare che gli asparagi, le fave e il pecorino compongono un tris insuperabile.

Pulire gli asparagi raschiando la parte legnosa con un coltellino o un pelapatate. Sbollentare fave e asparagi separatamente in acqua salata. Nel frattempo, in una padella rosolare il cipollotto tagliato ad anelli con l'olio. Scolare asparagi e fave, tagliare i gambi degli asparagi a tocchetti, unirli al soffritto, tenendo da parte le punte. Privare le fave della pellicina, quindi saltarle in padella con gli asparagi. Regolare di sale e cuocere per pochi minuti, in modo da insaporire il tutto. In una ciotola mescolare le uova con la panna e il pecorino. Sistemare la pasta brisée in una teglia rivestita di carta forno, quindi bucherellarla sul fondo con i rebbi di una forchetta. Farcire la quiche prima con le verdure, poi con il composto di uova e panna. Completare con le punte di asparagi tenute da parte e cuocere in forno a 180 °C per 30 minuti circa.

SCRIGNO PASQUALE

A Pasquetta non può mancare una sfiziosa torta salata. Questa con i würstel piace moltissimo ai miei figli, ma fa impazzire anche i grandi!

INGREDIENTI

per 6 persone:

- 2 rotoli di pasta sfoglia
- 500 g di spinaci
- 200 g di würstel
- 100 g di bietole
- 80 g di stracchino
- 50 g di grana grattugiato
- 4 uova + 1 per spennellare
- 1 cipollotto
- olio extravergine
- sale

Fare appassire le verdure in una pentola con un filo di olio e il sale. Tagliare il cipollotto e rosolarlo in padella con qualche cucchiaio di olio. Quando le verdure saranno pronte, strizzarle e unirle al soffritto insieme ai würstel tagliati a pezzetti. Cuocere per qualche minuto in modo che gli ingredienti si insaporiscano, quindi spegnere il fuoco, aggiungere il grana e le uova e mescolare bene il tutto. Stendere un rotolo di pasta sfoglia in una teglia con la sua carta forno. Versare la farcia sulla base di sfoglia, completando con lo stracchino a pezzetti. Chiudere la torta con un altro disco di sfoglia, sigillare i bordi, quindi bucherellarla in superficie con i rebbi di una forchetta e spennellarla con l'uovo sbattuto. Cuocere in forno ventilato a 180 °C per circa 40 minuti. Quando la sfoglia appare ben dorata, sfornare.

STRUDEL RICOTTA E SALSICCIA

INGREDIENTI

per 6 persone:

- 1 rotolo di pasta sfoglia
- 400 g di salsiccia
- 250 g di ricotta
- 5-6 pomodorini
- 1 cipolla
- 1 rametto di rosmarino
- 1 uovo
- ½ bicchiere di vino bianco
- olio extravergine
- sale

Ragù di salsiccia con ricotta è il ricchissimo ripieno di questo strudel salato. Provate a servirlo al posto del classico primo. Riscuoterete di sicuro un enorme successo.

Affettare la cipolla ad anelli e rosolarla in padella con l'olio. Sgranare la salsiccia eliminando il budello, quindi unirla al soffritto insieme ai pomodorini tagliati a metà. Rosolare per qualche minuto, aggiustare di sale e sfumare con il vino bianco. Aggiungere il rametto di rosmarino e far cuocere il ragù per una decina di minuti. Una volta pronto, lasciarlo intiepidire, trasferirlo in una ciotola e mescolarlo con la ricotta. Stendere la pasta sfoglia, spennellarla sul fondo con un po' di albume, quindi farcirla con il composto di ragù e ricotta. Creare lo strudel formando un rotolo, quindi spennellarlo in superficie con il tuorlo. Praticare dei taglietti diagonali sulla sfoglia per consentire al vapore sprigionato in cottura di fuoriuscire, poi infornare a 200 °C per 20 minuti.

TORTINO DI PATATE E BRIE

INGREDIENTI

per 4 persone:

- 800 g di bietole
- 125 g di brie
- 20 g di burro
- 20 g di grana grattugiato
- 2 patate lesse
- 2 uova
- 1 spicchio di aglio
- aghi di rosmarino qb
- olio extravergine
- sale

Questo è un antipasto invernale molto goloso, oltre che bello da vedere. Spesso io lo servo a casa al posto del secondo come alternativa alla carne.

Pulire le bietole eliminando la parte bianca con un coltello. Sbollentare le foglie per qualche istante e trasferirle su un canovaccio. Ungere i pirottini da muffin con un filo di olio e rivestirli con le foglie più grandi di bietola. Tritare grossolanamente con il coltello le foglie che rimangono e ripassarle in padella con il burro e l'aglio. Schiacciare le patate con lo schiacciapatate e mescolarle in una ciotola con il brie ridotto a dadini, le uova e le bietole stufate. Aggiustare di sale e completare con una manciata di grana. Riempire i pirottini con il composto ottenuto. Completare con altro grana e qualche ago di rosmarino. Infornare a 180 °C per circa 15 minuti. Servire direttamente nei pirottini oppure sformare i tortini e portarli in tavola riunendoli su un vassoio o su un piatto da portata.

INSALATE & CONTORNI

INSALATE & CONTORNI

Se l'insalata o il contorno sono originali, possono diventare il piatto forte di tutto il vostro menù.

INSALATA DI SALMONE

Io vado pazza per il salmone, sia fresco, sia affumicato. Provatelo in abbinamento alla mela verde: sarà una piacevolissima sorpresa!

INGREDIENTI

per 4 persone:

- 180 g di salmone affumicato
- 1 mela verde
- 1 scamorza
- succo di limone qb
- olio extravergine
- pepe

Tagliare il salmone a striscioline, la mela a fette sottili e la scamorza a dadini. Mescolare tutti gli ingredienti con cura, condire con una spruzzata di limone, olio e pepe, quindi servire.

FUSION SALAD

Anche durante una serata mondana, se il catering è di buon livello, si può trovare qualche spunto. Alla finale di *X Factor* avevo i tacchi alti, un abito scomodo e mangiavo in piedi cercando di tenere in equilibrio un calice di spumante. Eppure ho apprezzato e memorizzato questa deliziosa insalata che ho subito riproposto a casa, gustandomela in jeans e scarpe da ginnastica!

INGREDIENTI

per 4 persone:

Per l'insalata
- 300 g di salmone affumicato
- 100 g di spinacini
- 70 g di yogurt bianco
- 15 foglie di basilico
- 2 cucchiai di olio extravergine
- 1 finocchio
- 1 mango
- sale e pepe

Per i crostini
- 100 g di prosciutto crudo
- 3 fette di pancarré
- 1 cestino di lamponi freschi
- burro qb

Tagliare il salmone a striscioline e mescolarlo con spinacini e basilico. Unire il finocchio tagliato a fette sottili e il mango sbucciato e a cubetti. A parte mescolare yogurt, sale, pepe e olio. Tostare il pane, ricavare da ogni fetta crostini quadrati. Spalmarli con il burro, coprirli con una fettina arrotolata di prosciutto crudo, quindi completare con un lampone. Condire l'insalata con la salsa di yogurt un attimo prima di servire e accompagnare con i crostini.

PÂTÉ DI MELANZANE

Le melanzane cotte in forno e poi ridotte in purea sono davvero deliziose. Se volete un pâté sano, leggero e originale, questa è la ricetta giusta per voi.

INGREDIENTI

per 4 persone:

- 50-70 g di mandorle sgusciate e pelate
- 1 melanzana
- erba cipollina qb
- succo di limone qb
- crostini di pane qb
- olio extravergine
- sale e pepe

Tagliare la melanzana a metà per il lungo, quindi avvolgerla nella carta stagnola, trasferirla sulla placca da forno e cuocerla a 180 °C per tre quarti d'ora circa. Toglierla dal forno e farla intiepidire. Nel frattempo, tostare le mandorle in una padella senza condimento. Lasciarle raffreddare, quindi tritarle nel mixer (tenendone alcune da parte per guarnire). Aiutandosi con un cucchiaio, staccare dalla pelle la polpa della melanzana, poi raccoglierla nel vaso del mixer con le mandorle, aggiungere il succo di limone, l'erba cipollina, olio, sale, pepe e frullare bene fino a ottenere un pâté. In alternativa al mixer, tritare le mandorle con il coltello e amalgamare il resto degli ingredienti mescolando con una forchetta. Servire con i crostini di pane tostati e guarnire con le mandorle.

uno strato di provolone

i carciofi rosolati

GATTÒ AI CARCIOFI

INGREDIENTI

per 4 persone:

- 8-10 fette sottili di provolone
- 4 patate
- 2 carciofi
- grana grattugiato qb
- olio extravergine
- sale

Quando faccio il gattò, di solito passo le patate nello schiacciapatate e poi le arricchisco con uova e formaggio. Questa versione invece è molto più light e veloce, e si può servire benissimo come contorno. Io l'ho assaggiata a cena dalla mia amica Loredana Guelpa, e le ho subito rubato la ricetta!

Lessare le patate con la buccia, poi farle intiepidire o, meglio ancora, raffreddare. Sbucciarle e tagliarle a fette abbastanza sottili (se sono fredde, sarà più facile). Pulire e affettare i carciofi, quindi rosolarli in padella con l'olio e il sale. Per non farli bruciare, dopo qualche minuto aggiungere mezzo bicchiere di acqua e continuare a cuocere con il coperchio. Quando i carciofi saranno morbidi (non ci vorranno più di 10 minuti), spegnere il fuoco e cominciare a comporre il gattò. In una teglia rivestita di carta forno alternare uno strato di patate a fette a uno strato di provolone e carciofi. Io di solito faccio due strati. Completare con il grana per favorire la gratinatura. Cuocere in forno a 200 °C per circa 10 minuti.

INSALATA D'INVERNO

Adoro i pomodorini secchi nelle insalate. La cosa importante è scegliere quelli giusti. Piccoli e sott'olio.

INGREDIENTI

per 4 persone:

- 15 pomodorini secchi sott'olio
- 2 mozzarelle piccole
- 1 melanzana
- origano qb
- olio extravergine
- sale

Sbucciare la melanzana a strisce lasciando parte della buccia. Tagliarla riducendola a striscioline, quindi trasferirla su una teglia rivestita di carta forno. Condire con sale, origano e olio. Cuocere in forno ventilato a 200 °C per 5-10 minuti. Nel frattempo, tagliare i pomodorini e la mozzarella a dadini. Sfornare la melanzana, mescolarla con la mozzarella, i pomodorini, il sale; unire una spolverizzata di origano e servire.

INSALATA ALL'UOVO

Che cosa trasforma un'insalata normale in un'insalata da re? Il bacon croccante... e soprattutto un meraviglioso uovo in camicia!

INGREDIENTI

per 2 persone:

- 50 g di rucola
- 12 pomodorini
- 6 fette di bacon
- 2 uova
- ½ testa di lattuga
- aceto qb
- olio extravergine
- sale e pepe

Cuocere il bacon in una padella antiaderente finché non sarà ben croccante. Farlo asciugare sulla carta da cucina. Per l'uovo in camicia, rompere l'uovo in una ciotolina e portare a bollore un pentolino pieno d'acqua, unendo un cucchiaio di aceto e un pizzico di sale. Mescolando con la forchetta, creare un piccolo vortice, quindi versare l'uovo delicatamente al centro del vortice e con il cucchiaio fare come per avvolgere l'uovo su se stesso. Cuocere per circa un minuto. Ripetere il procedimento con il secondo uovo. Mettere l'insalata verde in una ciotola con i pomodorini tagliati a metà e il bacon croccante spezzettato. Condire con olio, aceto, pepe e sale. Completare sistemando in mezzo alla ciotola le uova in camicia.

gli asparigi avvolti nel bacon

le uova alla coque

ASPARAGI CROCCANTI E UOVA ALLA COQUE

INGREDIENTI

per 4 persone:

- 12 asparagi
- 12 fette di bacon
- 4 uova
- 1 cucchiaio di aceto bianco
- olio di semi per friggere
- sale

Uova e asparagi sono uno degli abbinamenti vincenti della cucina; aggiungete il bacon e vi troverete direttamente in paradiso. Questo piatto ha anche una presentazione particolare e molto, molto accattivante. Infatti, dopo aver raschiato la parte legnosa degli asparagi, io conservo gli scarti e li friggo, creando dei graziosissimi nidi su cui posare le uova.

Pulire gli asparagi raschiando la parte dura e legnosa con l'aiuto di un coltellino o di un pelapatate, tenendo da parte gli scarti. Sbollentare gli asparagi in acqua salata per pochissimi minuti, in modo da lasciarli sodi e croccanti. Poi scolarli e disporli su una teglia rivestita di carta forno. Avvolgere le fette di bacon attorno a ogni asparago e cuocere in forno (funzione grill) per 4-5 minuti al massimo. Quando il bacon sarà ben croccante e abbrustolito, sfornare. Riempire un pentolino di acqua, portare a bollore, aggiungere l'aceto (per rendere il guscio dell'uovo meno fragile) e immergere le uova delicatamente aiutandosi con un cucchiaio. Lessare per 5 minuti. Friggere gli scarti degli asparagi in olio ben caldo finché non saranno croccanti. Scolare e formare delle piccole montagnette con un buco in mezzo, creando dei "nidi". Servire le uova alla coque sui nidi, con gli asparagi come accompagnamento.

le verdure uscite dal forno

le zucchine affettate

la teglia pronta da infornare

TIAN DI VERDURE

Come alternativa alle classiche verdure ripassate in padella, con un po' di pazienza si può creare una meravigliosa composizione di zucchine e pomodori. Questa ricetta, di origine provenzale, prende il nome dalla teglia in terracotta in cui le verdure venivano originariamente passate in forno.

INGREDIENTI

per 4 persone:

- 5 pomodori
- 2-3 zucchine tonde
- 1 cucchiaio di pangrattato
- 1 cucchiaio di grana grattugiato
- timo qb
- olio extravergine
- sale

Affettare sottilmente i pomodori e le zucchine, quindi disporli in una teglia rivestita di carta forno. Alternare le fettine sovrapponendole leggermente. Condire le verdure con l'olio, il sale e il timo. Completare con il pangrattato e il grana, quindi cuocere in forno ventilato a 200 °C per 20 minuti.

CATALANA TIEPIDA DI CODA DI ROSPO

INGREDIENTI

per 4 persone:

- 500 g di coda di rospo
- 6-7 pomodorini
- 5-6 olive verdi denocciolate
- 4 gambi di sedano
- 1 cipolla rossa
- ½ bicchiere di vino bianco
- basilico qb
- olio extravergine
- sale e pepe

Ho preparato questo piatto per una cena con la redazione di *Molto Bene*. È stato un successo, grazie anche ai consigli di Lorenzo Boni. Il trucco consiste nello sbollentare prima la coda di rospo, per renderla più morbida, e nell'aggiungere le olive solo all'ultimo momento, per evitare che rilascino troppo sapore.

Tagliare la coda di rospo a cubetti e sbollentarla in acqua salata per pochi minuti. Nel frattempo affettare la cipolla a rondelle sottili e rosolarla in padella con l'olio e il sedano a pezzetti. Scolare il pesce e unirlo al soffritto, quindi cuocere brevemente. Unire i pomodorini tagliati a metà, aggiustare di sale e pepe e sfumare con il vino bianco. Lasciare insaporire il tutto per qualche minuto, finché il sugo non si restringerà leggermente. Aggiungere il basilico, completare con le olive tagliate a rondelle e un filo di olio, quindi servire.

INGREDIENTI

per 4 persone:

- 200 g di insalata mista (songino e rucola)
- 100 g di quartirolo
- 40 g di noci sgusciate
- 12 fragole
- aceto balsamico qb
- olio extravergine
- sale

INSALATA DI FRAGOLE

Questa insalata primaverile è proprio da provare. La cosa importante è assemblarla e condirla solo all'ultimo momento.

Affettare le fragole e ridurre il quartirolo a dadini. In una ciotola mescolare il songino e la rucola con il formaggio e le fragole. Tritare le noci grossolanamente e unirle all'insalata. Condire con sale, olio e aceto balsamico, quindi servire subito.

INSALATA DI ANGURIA

Anguria e stracciatella di mozzarella: provare per credere, non dico altro.

Privare l'anguria della buccia e dei semi, quindi tagliarla a cubetti e trasferirla in un piatto da portata. Frullare il basilico con sale e olio, fino a ottenere una salsina densa. Unire all'anguria la stracciatella e condire in ultimo con la salsa al basilico.

INGREDIENTI

per 4 persone:

- 100 g di stracciatella di bufala
- 2 fette di anguria
- 1 ciuffo di basilico
- olio extravergine
- sale

INGREDIENTI

per 4 persone:

- 4 pomodori cuore di bue
- 4 fette di pane raffermo
- 1 spicchio di aglio
- 1 cetriolo
- 1 ciuffo di basilico
- ½ cipolla rossa
- aceto bianco qb
- olio extravergine
- sale

CUORI DI PANZANELLA

Sarà un'eresia, ma io non amo troppo la panzanella per via della consistenza molle del pane bagnato nell'acqua. In questo mi sono trovata perfettamente in sintonia con il mio amico chef Miguel Casas, il quale mi ha suggerito questa preparazione golosa e croccante, da servire, se volete fare scena, dentro ai pomodori svuotati.

Tostare il pane tagliato a cubetti in una padella con l'olio e l'aglio fino a renderlo dorato e croccante. Affettare la cipolla e metterla in una ciotola capiente con una generosa spruzzata di aceto. Sbucciare il cetriolo, ridurlo a dadini e aggiungerlo alla cipolla. Privare i pomodori della calotta, svuotarli con l'aiuto di un cucchiaio, quindi unire alla cipolla condita con l'aceto la polpa e la calotta dei pomodori tagliate a pezzetti. Aggiungere anche il basilico spezzettato e i cubetti di pane tostati. Mescolare la panzanella e condirla con olio e sale. Disporre una cucchiaiata di panzanella dentro a ogni pomodoro svuotato, come se fosse una scodella, e servire.

INSALATA RUSSA ESTIVA

Amo l'insalata russa e amo i gamberi, così mi sono detta: perché non unire le due cose? L'esperimento ha dato ottimi risultati. Così per la Prima Comunione di Eleonora ne ho preparato un grosso vassoio che è andato letteralmente a ruba!

INGREDIENTI

per 4 persone:

- 200 g di piselli surgelati
- 20 gamberi surgelati
- 200 ml di olio di semi
- 100 ml di latte di soia
- 2 carote
- 2 patate
- 1 cucchiaio di senape
- succo di limone qb
- sale

Tagliare le carote e le patate a cubetti. Lessare insieme le carote, le patate e i piselli in acqua salata. Nel frattempo frullare con il frullatore a immersione l'olio di semi con il latte di soia e la senape: immediatamente si creerà la consistenza della maionese. Aggiustare di sale e aggiungere un po' di succo di limone. Quando le verdure saranno quasi a cottura, tuffare nella stessa pentola anche le code sgusciate dei gamberi. Sbollentare per un minuto, quindi scolare il tutto. Tagliare i gamberi a pezzetti, tenendone da parte alcuni interi. Comporre l'insalata russa, mescolando le verdure con la maionese e i gamberi a pezzetti. Servire completando con le code di gamberi intere.

INSALATA DI CECI, SEDANO E SEPPIOLINE

Un'insalata leggera, saporita e golosa da preparare in anticipo e assaporare in tutta calma.

INGREDIENTI

per 4 persone:

- 400 g di seppioline
- 200 g di ceci in scatola
- 4 gambi di sedano
- 1 foglia di salvia
- succo di limone qb
- grana a scaglie qb
- olio extravergine
- sale e pepe

Cuocere le seppioline in acqua bollente per circa 20 minuti. Trascorso questo tempo, lasciarle raffreddare nella loro acqua di cottura, quindi scolarle e tagliarle a striscioline. A parte, sbollentare i ceci in acqua salata unendo una foglia di salvia. Tagliare il sedano a cubetti e mescolare bene tutti gli ingredienti in una ciotola. Condire l'insalata con il sale, l'olio e un po' di succo di limone. Completare con il pepe e il grana a scaglie.

Quando arriva la primavera, a casa tutti mi chiedono di cucinare solo verdure, perché vogliono tenersi leggeri. Peccato che poi nessuno le mangi, e alla fine mi tocca fare grandi frittate e torte salate, per non sprecare quello che ho preparato. Provate con questa ricetta: vi prometto che non avanzerete niente!

VERDURE CON CRUMBLE DI PANE E FETA

INGREDIENTI

per 4 persone:

- 100 g di feta
- 1-2 zucchine
- 1-2 fette di pane
- 1 melanzana
- 1 spicchio di aglio
- timo qb
- olio extravergine

Tagliare le zucchine per il lungo e la melanzana a fette rotonde. Frullare il pane nel mixer e poi tostarlo in padella con un po' di olio e l'aglio. Cuocere le verdure sulla bistecchiera unta con un filo di olio, oppure in una padella antiaderente. Quando saranno pronte, cospargerle con il pane tritato e la feta sbriciolata. Completare con una manciata di fogliolíne di timo. Spegnere il fuoco e servire direttamente sulla bistecchiera.

PEPERONI ALLA PALERMITANA

Questo è un piatto che preparo spessissimo per la mia famiglia. Me lo ha insegnato la mia cara amica Giusi Battaglia e mi ha conquistato da subito. Si prepara molto velocemente, e più rimane lì ad aspettare, più diventa saporito. È un contorno perfetto, colorato e leggero. Io sono capace di mangiarmene mezza teglia da sola... Meno male che i peperoni non fanno ingrassare!

INGREDIENTI

per 4 persone:

- 60 g di pangrattato
- 60 g di grana grattugiato
- 2 peperoni
- 2 cucchiai di pinoli
- 2 cucchiai di uvetta
- 1 cipolla
- olio extravergine
- sale

Tagliare i peperoni a listarelle, disporli in una teglia rivestita di carta forno, aggiungere la cipolla tagliata ad anelli, l'uvetta e i pinoli. Salare, condire con l'olio e spolverizzare con il pangrattato. Cuocere in forno ventilato a 180 °C per 20-30 minuti. Se le uvette si scuriscono troppo, coprire con la stagnola. Una decina di minuti prima di completare la cottura, unire il grana e lasciar gratinare.

FLAN DI POMODORO

Far insaporire la passata di pomodoro cuocendola con l'aglio, qualche foglia di basilico e il sale per 10 minuti circa. Frullare nel mixer la ricotta con metà del provolone, le uova e ancora un po' di basilico. Incorporare al composto di formaggi il sugo di pomodoro raffreddato e privato dell'aglio. Trasferire il tutto in uno stampo a cerniera rivestito di carta forno sulla base, imburrato e spolverizzato di pangrattato sui bordi. Completare con il provolone rimasto e cuocere in forno a 180 °C per 45 minuti. Fare raffreddare prima di servire. Completare con la rucola e i pomodorini.

Al posto del solito contorno, provate a servire una fetta di questo buonissimo flan. È morbido, delicato, saporitissimo, e si abbina bene a ogni tipo di carne.

INGREDIENTI

per 6 persone:

- 400 g di ricotta di pecora
- 50 g di provolone grattugiato
- 200 ml di passata di pomodoro
- 3 uova
- 2 spicchi di aglio
- 1 ciuffo di basilico
- rucola qb
- pomodorini qb
- burro qb
- pangrattato qb
- sale

ONI ARROSTI & POLPETTONI ARROSTI & POLPETTONI A
STI & POLPETTONI ARROSTI & POLPETTONI ARROSTI &
ONI ARROSTI & POLPETTONI ARROSTI & POLPETTONI A
STI & POLPETTONI ARROSTI & POLPETTONI ARROSTI &
ONI ARROSTI & POLPETTONI ARROSTI & POLPETTONI A
STI & POLPETTONI ARROSTI & POLPETTONI ARROSTI &
ONI ARROSTI & POLPETTONI ARROSTI & POLPETTONI A
STI & POLPETTONI ARROSTI & POLPETTONI ARROSTI &
ONI ARROSTI & POLPETTONI ARROSTI & POLPETTONI A
STI & POLPETTONI ARROSTI & POLPETTONI ARROSTI &
ONI ARROSTI & POLPETTONI ARROSTI & POLPETTONI A
STI & POLPETTONI ARROSTI & POLPETTONI ARROSTI &
ONI ARROSTI & POLPETTONI ARROSTI & POLPETTONI A
STI & POLPETTONI ARROSTI & POLPETTONI ARROSTI &
ONI ARROSTI & POLPETTONI ARROSTI & POLPETTONI A
STI & POLPETTONI ARROSTI & POLPETTONI ARROSTI &
ONI ARROSTI & POLPETTONI ARROSTI & POLPETTONI A
STI & POLPETTONI ARROSTI & POLPETTONI ARROSTI &
ONI ARROSTI & POLPETTONI ARROSTI & POLPETTONI A
STI & POLPETTONI ARROSTI & POLPETTONI ARROSTI &
ONI ARROSTI & POLPETTONI ARROSTI & POLPETTONI A
STI & POLPETTONI ARROSTI & POLPETTONI ARROSTI &

ARROSTI

& POLPETTONI

Largo al piatto principe della tavola!
Che si tratti di arrosto o polpettone,
l'importante è che sia così ricco e goloso
da lasciare tutti a bocca aperta!

INGREDIENTI

per 4 persone:

- 800 g di lonza di maiale
- 10 fettine di lardo
- 2 pomodori cuore di bue
- 1 mela verde
- 1 bicchiere di vino bianco
- timo qb
- pepe rosa in salamoia qb
- olio extravergine
- sale
- 2-3 stecchi lunghi

Questo arrosto di maiale è una vera opera d'arte, non solo per la bontà ma anche per la presentazione. All'interno delle incisioni della carne metto delle fettine di mela e di lardo!

ARROSTO FARCITO CON MELE E LARDO

Affettare la mela sottilmente lasciando la buccia. Incidere la superficie della lonza con dei tagli profondi (senza però staccare le fette) e farcirla con le fettine di mela e di lardo. Infilzare l'arrosto per il lungo con due o tre stecchi da spiedini, in modo che resti in forma. Trasferire la carne in una pirofila e condirla con un filo di olio, sale, pepe rosa con un po' della sua salamoia e vino bianco per finire. Cuocere in forno a 180 °C per 40-45 minuti: per i primi 30-35 minuti a forno statico, poi a forno ventilato. Se la carne rischia di bruciare, coprire con la stagnola; se il sughetto dovesse seccare, aggiungere altro vino. Prima di servire l'arrosto, tagliare i pomodori a fette piuttosto spesse e grigliarli sulla piastra ben calda come se fossero bistecche. Non cuocere troppo, però, o si sfalderanno riducendosi a un sughetto di pomodoro! Condire con olio, sale e timo. Servire l'arrosto privato degli stecchi con il suo intingolo e i pomodori grigliati come accompagnamento.

POLPETTONE AGLI ASPARAGI

Questo è un polpettone a sorpresa. Dentro ci sono gli asparagi interi, mentre sopra c'è una delicatissima fonduta di formaggio che lo rende irresistibile.

INGREDIENTI

per 4 persone:

- 300 g di carne trita di manzo
- 300 g di carne trita di maiale
- 200 g di asparagi
- 150 g di mortadella
- 50 g di grana grattugiato per
- l'impasto del polpettone + 50 g per la cottura
- 1 uovo
- 1 panino
- 1 bicchiere di latte
- noce moscata qb
- maggiorana qb
- pangrattato qb
- olio extravergine
- sale e pepe

Per la fonduta

- 70 g di grana
- 30 g di farina
- 400 ml di latte
- 3 tuorli

Pulire gli asparagi raschiando la parte legnosa. Sbollentarli in acqua salata per pochi minuti, quindi scolarli. Tritare la mortadella e mescolarla con la carne, l'uovo, il grana, un cucchiaio di maggiorana e il panino ammollato nel latte. Per fare prima, io uso 2 fette di pane da sandwich confezionato che è già morbido. Regolare di sale e pepe, aggiungere la noce moscata, poi amalgamare bene con le mani. Trasferire metà impasto in uno stampo da plumcake oliato e spolverizzato con pangrattato e grana. Sopra disporre gli asparagi, metà con la punta orientata da una parte, metà dall'altra. Spolverizzarli con un po' di grana, poi chiudere con altro impasto. Completare con abbondante grana e pangrattato. Infornare a 200 °C per 50-55 minuti. Per la fonduta, mescolare i tuorli con la farina in un pentolino a fuoco spento. Stemperare con il latte e accendere il fuoco. Unire il grana, continuando a mescolare, fino a ottenere una salsa densa. Servire le fette di polpettone con la fonduta.

CARRÉ DI MAIALE CON SALSA BBQ ALLA PESCA SCIROPPATA

Questa ricetta nasce da uno zapping televisivo notturno! Non so se vi è mai capitato di imbattervi in *Man v. Food*, un programma in cui un golosone americano gira gli States alla ricerca dei piatti più ricchi e originali per poi concedersi delle epiche scorpacciate. Difficile non fare una sosta davanti al frigo dopo averlo guardato! Io ho fatto anche meglio. Mi sono messa ai fornelli e ho provato a replicare questa meravigliosa salsa barbecue alla pesca! Super deliziosa.

INGREDIENTI

per 4 persone:

- 800 g di carré di maiale
- 12 fette di bacon
- rosmarino qb
- olio extravergine
- sale

Per la salsa

- 3 cipollotti
- 2-3 gambi di sedano
- 2 pesche sciroppate + il loro sciroppo
- 1 cucchiaio di salsa barbecue
- ½ peperone rosso
- peperoncino qb
- olio extravergine
- sale e pepe

Salare il carré e fasciarlo con il bacon. Legarlo con lo spago da cucina, inserendo qualche ago di rosmarino tra lo spago e la carne. Sistemare il carré in una teglia unta di olio, condire con olio e infornare a 180 °C per 40 minuti. Per la salsa, affettare le verdure e rosolarle in una pentola con poco olio. Unire le pesche e un bicchiere circa del loro sciroppo. Completare con la salsa barbecue. Cuocere a fuoco dolce con il coperchio per mezzora. Regolare di sale e, se necessario, unire altra salsa barbecue o altro sciroppo. Frullare con il frullatore a immersione per ottenere una crema. Se vi va, aggiungere anche un po' di peperoncino e di pepe. Tagliare il carré a fette e servirlo con la salsa.

CARCIOFI IN CARNE

È un nome un po' originale per un super arrosto ripieno di carciofi e rivestito da uno strato di prosciutto crudo.

INGREDIENTI

per 4 persone:

- 800 g di vitello tagliato in una sola fetta
- 80 g di prosciutto crudo a fette
- 40 g di burro
- 30 g di grana grattugiato
- 4 carciofi
- 2 spicchi di aglio
- 1 bicchiere di vino bianco
- timo qb
- olio extravergine
- sale

Pulire i carciofi, affettarli sottilmente e rosolarli in padella con il coperchio insieme all'olio, a uno spicchio di aglio e a mezzo bicchiere di acqua (per favorire la cottura). Regolare di sale e lasciar cuocere per qualche minuto. Aprire bene la carne battendola con il batticarne, salarla e cospargerla con i carciofi e il grana. Chiudere l'arrosto arrotolandolo ben stretto, quindi fasciarlo con le fette di prosciutto. Si può anche fare una variante mettendo le fette di prosciutto dentro l'arrosto. Legare la carne con lo spago e trasferirla nella padella usata per i carciofi, aggiungendo uno spicchio di aglio e il burro. Rosolare dolcemente per qualche minuto, sfumare con il vino, unire il timo e cuocere con il coperchio per un'ora e mezza a fuoco dolce.

CONIGLIO CON CARCIOFI NEL PANE

Adoro cucinare il coniglio, perché è una carne sana e delicata. Con i carciofi, poi, è un vero classico. Per rendere la ricetta più originale e scenografica, ho deciso di servirlo dentro a una grossa pagnotta di Altamura.

INGREDIENTI

per 4 persone:

- 800 g di coniglio
- 4 carciofi
- 2 spicchi di aglio
- 1 forma di pane di Altamura
- ½ bicchiere di vino bianco
- rosmarino qb
- alloro qb
- olio extravergine
- sale

In una padella scottare il coniglio tagliato a pezzi con l'olio, l'aglio e il rosmarino. Una volta che è rosolato su tutti i lati, regolare di sale, sfumare con il vino bianco e lasciar evaporare. Unire i carciofi puliti e tagliati a fettine, far insaporire per qualche minuto, quindi aggiungere un po' di acqua e cuocere con il coperchio per altri 25-30 minuti. Svuotare la pagnotta della mollica e foderarla con le foglie di alloro. Tritare la mollica e tostarla in padella con olio e rosmarino. Riscaldare il guscio di pane nel forno caldo per pochi minuti. Quando il coniglio è pronto, trasferirlo dentro la pagnotta, con i carciofi e il loro sughetto. Se non ci sta, servire la carne che avanza in un piatto da portata. Completare con il crumble di mollica e qualche rametto di rosmarino.

ARROSTO CARAMELLATO

Questo arrosto è veramente succulento. Ci sono tutte le cose che mi piacciono: il bacon, gli scalogni stufati, la birra e quel magico sapore dato dalla caramellizzazione della senape con lo zucchero e l'aceto. Sono sicura che, quando lo proverete, ve ne innamorerete anche voi.

INGREDIENTI

per 4 persone:

- 800 g di lonza di maiale
- 300 g di scalogno
- 200 ml di brodo vegetale
- 200 ml di birra
- 4-5 foglie di salvia
- 2 fette di bacon
- 1 cucchiaio di senape dolce
- 1 cucchiaio di zucchero di canna
- 1 cucchiaio di aceto balsamico
- burro qb
- olio extravergine
- sale

Tritare il bacon con la salvia. Si può scegliere il sistema che si preferisce; io uso il mixer, ma si può fare anche a mano. Incidere la carne praticando dei tagli e riempirli con parte del trito di bacon e salvia. In una ciotola mescolare la senape con l'aceto e lo zucchero. Privare gli scalogni della buccia. In un tegame rosolare la carne con un po' di burro e olio a fuoco vivo su tutti i lati, quindi abbassare la fiamma, unire gli scalogni e stufarli leggermente. Sfumare con la birra, lasciar evaporare per qualche minuto, poi aggiungere il brodo e cuocere in forno la carne (coperta con la stagnola) a 160 °C per 20 minuti. Eliminare la stagnola, alzare la temperatura a 180 °C e spennellare l'arrosto con la salsa alla senape. Proseguire la cottura per altri 20 minuti.

POLPETTONE DELLA DOMENICA

Matilde, la mia figlia più grande, adora il polpettone. E come darle torto? Portarlo in tavola comunica una sensazione gioiosa di festa e di infinita golosità. Per farle una sorpresa, un giorno l'ho arricchito con i dadini di mortadella e l'ho foderato con il prosciutto cotto. Credetemi, è stato un trionfo!

In una ciotola mescolare la carne con la mortadella tritata, il prezzemolo, le uova, il pane ammollato nel latte e strizzato. Incorporare anche il grana e salare leggermente. Con le mani umide modellare il polpettone, quindi trasferirlo su una teglia ricoperta di carta forno e foderarlo con il prosciutto cotto. Affettare le patate, disporle sulla teglia intorno al polpettone, condirle con olio, sale e rosmarino. Ricoprire con la carta stagnola (per evitare che il prosciutto bruci), poi infornare a 180-200 °C per 20 minuti. Togliere la stagnola e proseguire la cottura per un'altra mezzora.

INGREDIENTI

per 6 persone:

- 600 g di carne trita di maiale
- 150 g di prosciutto cotto
- 130 g di mortadella a tocchetti
- 50-70 g di grana grattugiato
- 3 fette di pane
- 2-3 patate
- 2 uova
- 1 bicchiere di latte
- prezzemolo tritato qb
- rosmarino qb
- olio extravergine
- sale

la lonza rosolata in padella

la copertura di radicchio e grana

la tagliata di lonza

TAGLIATA DI LONZA CON RADICCHIO E GRANA

INGREDIENTI

per 4 persone:

- 800 g di lonza di maiale
- 50 g di grana a scaglie
- 1 cespo di radicchio
- 1 spicchio di aglio
- rosmarino qb
- olio extravergine
- sale e pepe

Al posto del solito arrosto, che richiede una cottura lunga e laboriosa, provate questa semplice tagliata, velocissima, originale e buonissima. Ricetta di Lorenzo Boni, quindi una garanzia.

In una padella rosolare velocemente il pezzo di lonza su tutti i lati con un filo di olio e il sale. Togliere dal fuoco e lasciare riposare per qualche minuto; nel frattempo tagliare il radicchio a striscioline. Coprire una teglia con la carta forno, ungerla con un po' di olio e strofinarla con uno spicchio di aglio. Affettare la lonza sottilmente e disporre le fettine sulla teglia. Condire con un filo di olio, sale e rosmarino, quindi completare con il radicchio, le scaglie di grana e il pepe. Cuocere in forno ventilato a 220 °C per 5-10 minuti, finché la carne non sarà cotta.

CCONCINI SPIEDINI, INVOLTINI & BOCCON
NI, INVOLTINI & BOCCONCINI SPIEDINI, INVOLT
CCONCINI SPIEDINI, INVOLTINI & BOCCON
NI, INVOLTINI & BOCCONCINI SPIEDINI, INVOLT
CCONCINI SPIEDINI, INVOLTINI & BOCCON
NI, INVOLTINI & BOCCONCINI SPIEDINI, INVOLT
CCONCINI SPIEDINI, INVOLTINI & BOCCON
NI, INVOLTINI & BOCCONCINI SPIEDINI, INVOLT
CCONCINI SPIEDINI, INVOLTINI & BOCCON
NI, INVOLTINI & BOCCONCINI SPIEDINI, INVOL
CCONCINI SPIEDINI, INVOLTINI & BOCCON
NI, INVOLTINI & BOCCONCINI SPIEDINI, INVOL
CCONCINI SPIEDINI, INVOLTINI & BOCCON
NI, INVOLTINI & BOCCONCINI SPIEDINI, INVOL
CCONCINI SPIEDINI, INVOLTINI & BOCCON
NI, INVOLTINI & BOCCONCINI SPIEDINI, INVOL
CCONCINI SPIEDINI, INVOLTINI & BOCCON
NI, INVOLTINI & BOCCONCINI SPIEDINI, INVOL
CCONCINI SPIEDINI, INVOLTINI & BOCCON
NI, INVOLTINI & BOCCONCINI SPIEDINI, INVO
CCONCINI SPIEDINI, INVOLTINI & BOCCON
NI, INVOLTINI & BOCCONCINI SPIEDINI, INVO

SPIEDINI, INVOLTINI

& BOCCONCINI

Altro che bistecchina! Questi secondi facili e veloci vi faranno fare un figurone.

il salmone impanato...

... e fritto!

COTOLETTE CROCCANTI DI SALMONE

Ho un vero e proprio debole per il salmone! Impanato in un mix di farina di mais aromatizzata al finocchietto, è uno sfizio fatto apposta per deliziare familiari e amici.

Mescolare il pangrattato con la farina di mais e un po' di finocchietto tritato. Tagliare il salmone a cubotti e ripassarlo prima nell'uovo, poi nella panatura. In una padella far sciogliere il burro con l'olio, quindi friggervi il salmone lasciando l'interno rosato. Per la salsa, frullare nel mixer lo yogurt con le acciughe, il concentrato di pomodoro e il finocchietto. Salare le cotolette di salmone e servirle con la salsa allo yogurt come accompagnamento.

INGREDIENTI

per 6 persone:

Per le cotolette di salmone
- 800 g di salmone fresco
- 100 g di pangrattato
- 100 g di farina di mais
- 40 g di burro
- 1 uovo
- finocchietto qb
- olio extravergine
- sale

Per la salsa
- 125 g di yogurt bianco magro
- 3 filetti di acciughe sott'olio
- 1 cucchiaino di concentrato di pomodoro
- finocchietto qb

COSCE DI POLLO FRITTE MA NON FRITTE

Mettere le cosce di pollo in una ciotola, versarvi lo yogurt, unire la paprika e mescolare amalgamando bene gli ingredienti per ottenere una crema rosa. Lasciare riposare il pollo con la salsa di yogurt in frigorifero il più a lungo possibile. Volendo, si può preparare il pollo la sera per il pranzo del giorno dopo e lasciarlo a riposo tutta la notte. In un vassoio o in un piatto piano mescolare il pangrattato e il grana. Prendere le cosce di pollo con la loro marinata e impanarle a una a una nel mix di pangrattato e grana, schiacciando in modo che la panatura aderisca bene allo yogurt. Questo vi regalerà in cottura una meravigliosa crosticina. Disporre le cosce di pollo su una teglia rivestita di carta forno leggermente unta. Completare con un filo di olio sopra ogni coscia e infornare a 200 °C per 40 minuti, rigirando le cosce di tanto in tanto. Se necessario, irrorare con altro olio durante la cottura.

Mi piacciono tanto i piatti impanati ma non fritti. La frittura è golosa, ma è un po' laboriosa e calorica. Queste cosce di pollo regalano la sensazione di golosa croccantezza di una frittura, però sono molto più leggere.

INGREDIENTI

per 5 persone:

- 500 g di yogurt bianco
- 200 g di pangrattato
- 100 g di grana grattugiato
- 5 cosce di pollo
- 1 cucchiaio di paprika dolce
- olio extravergine

SALTIMBOCCA DI MARE

Quando trovo i calamari freschi, non riesco a resistere e li compro sempre! Mi piacciono semplicemente scottati alla griglia con un filo di olio e un pizzico di sale. Davide Valsecchi, però, mi ha dato un'idea grandiosa per reinterpretare i classici saltimbocca in versione marinara!

INGREDIENTI

per 4 persone:

- 50 g di mollica di pane
- 30 g di grana grattugiato
- 30 g di prezzemolo tritato
- 10-12 fette di lardo
- 8 zucchine piccole
- 6 filetti di acciughe sott'olio
- 4 calamari
- olio extravergine

In una padella sciogliere l'acciuga con l'olio a fuoco dolce, quindi unire le zucchine tagliate a cubetti e cuocere per qualche minuto. Preparare la panure mescolando il grana con il prezzemolo e la mollica di pane. Pulire i calamari e tagliarli a metà ottenendo per ciascuno due larghe fette, che disporrete su una teglia rivestita di carta forno unta con un filo di olio. Comporre i saltimbocca alternando il calamaro, le verdure, la panure e una o due fette di lardo. Completare con la panure e un filo di olio, quindi cuocere in forno a 220 °C per 10 minuti.

il tacchino sfumato con il succo di pompelmo

il soffritto di cipolla

il tacchino
a bocconcini
infarinato

TACCHINO ALLO ZAFFERANO E POMPELMO ROSA

INGREDIENTI

per 4 persone:

- 500 g di fesa di tacchino
- 25 g di burro
- 1 scalogno
- 1 cucchiaio di olio extravergine
- 1 bustina di zafferano
- ½ bicchiere di latte
- succo di 1 pompelmo rosa
- farina qb
- prezzemolo qb
- sale

Al posto del solito spezzatino con il sugo rosso, provate questo piatto molto veloce e vagamente fusion, che unisce in un riuscitissimo matrimonio latte, zafferano e succo di pompelmo rosa!

Tritare lo scalogno e rosolarlo in padella con l'olio e il burro. Ridurre il tacchino a dadini, infarinarlo e unirlo al soffritto. Aggiustare di sale e, quando la carne incomincia a dorare, sfumare con il succo di pompelmo. Stemperare lo zafferano nel latte tiepido e aggiungerlo alla carne. Continuare a cuocere per pochi minuti finché non si sarà formata una bella cremina. Spegnere e servire completando con una manciata di prezzemolo tritato.

COSCE DI POLLO MARINATE

INGREDIENTI

per 6 persone:

- 6 cosce di pollo
- 6 cucchiai di senape
- 4 patate
- 2 cucchiai di paprika
- 1 spicchio di aglio
- succo e scorza grattugiata di 2 limoni non trattati
- prezzemolo qb
- olio extravergine
- sale

Ecco a voi un'idea originale per cucinare le cosce di pollo, rendendole leggerissime ma saporitissime grazie alla marinatura con la senape e la paprika. Se temete che il gusto risulti troppo forte, state tranquilli: questo piatto sarà gustoso al punto giusto. Insieme al pollo, poi, vi suggerisco una scorciatoia furbissima per preparare il sauté di patate in 15 minuti.

In una ciotola mescolare la senape con la paprika, l'aglio schiacciato, il succo e la scorza di limone. Ripassare le cosce in questa densa marinata, in modo che aderisca bene alla carne, quindi trasferire il pollo in una teglia rivestita di carta forno. Irrorare con l'olio, salare e cuocere in forno a 180 °C per 30 minuti. Avvolgere le patate nella pellicola e cuocerle nel microonde per circa 10 minuti. Rimuovere la pellicola con molta cautela, perché le patate saranno bollenti, quindi affettarle e farle dorare su entrambi i lati in una padella con un po' di olio, finché non si formerà una bella crosticina dorata. Quando sono cotte, ricoprirle con tanto prezzemolo tritato. Servire accompagnando le cosce di pollo con il sauté di patate al prezzemolo.

SPIEDINI SALSICCIA E CHAMPIGNON

Non so se è un caso, ma i miei figli amano i funghi champignon perché sono delicati e hanno una consistenza gradevole. Per questo mi è venuto in mente di preparare degli spiedini con salsiccia e funghi, senza aggiungere altre verdure, come le classiche falde di peperone, che in casa mia vengono sistematicamente scartate.

INGREDIENTI

per 4 persone:

- 320 g di salsiccia
- 200 g di riso Basmati
- 12 champignon già puliti
- 2 rametti di rosmarino
- olio extravergine
- sale grosso e fino
- pepe
- 4 stecchi lunghi

Lessare il riso in acqua salata e scolarlo al dente. Trasferirlo su una teglia e condirlo con un filo di olio e un po' di rosmarino, quindi cuocerlo in forno per qualche minuto, usando la funzione grill per renderlo croccante. Nel frattempo tagliare la salsiccia a tocchetti e preparare gli spiedini alternando sugli stecchi champignon e pezzi di salsiccia. Cuocere gli spiedini in una padella ben calda o sulla piastra unta con un po' di olio e cosparsa di sale grosso. Portare gli spiedini a cottura con il coperchio. Pepare e servire con il riso di accompagnamento.

TOURNEDOS DI SALMONE

Questo piattino super goloso è perfetto per un antipasto ricco e raffinato. Il tocco in più arriva dalla panna acida!

INGREDIENTI

per 4 persone:

- 200 g di salmone fresco
- 50 g di burro
- 50 g di ricotta
- 100 ml di panna fresca
- 2 fette di pancarrè
- 1-2 rametti di timo
- succo di ½ limone
- scorza grattugiata di 1 limone non trattato
- sale

In una padella (o nel forno a microonde) sciogliere il burro con il timo e la scorza di limone. Tagliare il pane a quadrotti, ripassarli nel burro fuso e tostarli sulla griglia o in una padella antiaderente ben calda. Affettare il salmone e grigliarlo, spennellandolo con un po' di burro aromatizzato. Preparare la panna acida, mescolando la panna fresca con il succo di limone, un pizzico di sale e la ricotta. Servire il salmone con i crostini di pane e la panna acida.

la salsiccia aperta a metà...

... impanata...

... e grigliata

SALAMELLA IMPANATA

Cosa c'e di più buono di una salamella? Niente. Sbagliato! La risposta esatta è: una salamella impanata.

INGREDIENTI

per 4 persone:

- 4 salamelle
- pangrattato qb
- rosmarino qb
- olio extravergine

Tritare il rosmarino fine fine e mescolarlo con il pangrattato. Privare le salamelle del budello, quindi aprirle a metà tagliandole a libro e compattarle, come se voleste dar loro la forma di un hamburger. Impanarle nel mix di pangrattato e rosmarino, quindi cuocerle sulla griglia ben calda unta di olio o in una padella antiaderente.

TARTARE SCOTTATA DI TONNO

INGREDIENTI

per 4 persone:

Per la tartare
- 600 g di tonno fresco
- 2 cucchiai di senape all'antica
- olio extravergine
- sale grosso

Per i pomodorini confit
- 10 pomodorini
- 2-3 cucchiai di zucchero di canna
- 1 pezzo di radice di zenzero
- sale

Quando vado al mare a Punta Marana, in Sardegna, amo farmi coccolare dai miei amici che sono tutti grandi cuochi di pesce e preparano ogni sorta di prelibatezze. L'idea di condire la tartare di tonno con la senape e cuocerla appena sulla griglia come se fosse un hamburger al sangue è di Maurizio Radaelli, che ringrazio di cuore.

Tritare il tonno con il coltello riducendolo a dadini molto piccoli. In una ciotola, unire il tonno alla senape, quindi amalgamare bene gli ingredienti lavorando con le mani per dare al pesce la forma di un hamburger. Scottare il tonno in una padella ben calda con un filo di olio e il sale, avendo cura di lasciarlo crudo internamente. Tagliare i pomodorini a metà e saltarli in padella a fuoco vivo con lo zucchero, lo zenzero pelato e grattugiato e infine il sale. Cuocere per pochi minuti in modo da far caramellare i pomodorini. Spegnere il fuoco e servire il tonno con l'accompagnamento dei pomodorini confit.

YAKITORI

Quando a casa hanno assaggiato questo piatto, io ho ricevuto una vera e propria standing ovation. Che soddisfazione! In effetti questi spiedini di pollo con salsa agrodolce sono semplicemente fantastici. L'unico accorgimento è di aggiungere la salsa solo a fine cottura, altrimenti brucerà. Un'altra dritta consiste nell'usare la soia per cucinare, che è più leggera di quella da accompagnamento. In caso non la troviate, allora mettetene un po' meno, oppure allungatela con un po' di acqua.

INGREDIENTI

per 4 persone:

- 400 g di petto di pollo
- 6 cipollotti + 1 per la salsa
- 3 spicchi di aglio
- 1 ciotolina di salsa di soia per cucinare
- 1 ciotolina di vino bianco
- 1 pezzo di radice di zenzero
- 1 ciotolina di zucchero
- 1 scorzetta di limone non trattato
- erba cipollina qb
- olio extravergine
- sale
- 4 stecchi lunghi

Ridurre il petto di pollo a tocchetti e tagliare i cipollotti a metà per il lungo, eliminando il gambo che terrete eventualmente da parte per servire. Formare gli spiedini alternando pollo e cipollotti. Per la salsa, in un pentolino mescolare il vino, la salsa di soia, lo zucchero, lo zenzero grattugiato, l'aglio schiacciato, la scorza di limone, più un cipollotto tagliato a pezzetti. Cuocere per 20 minuti circa finché la salsa non si sarà ristretta. Spegnere il fuoco, quindi rosolare gli spiedini in una padella ben calda unta di olio. Salare leggermente e cuocere gli spiedini su entrambi i lati portandoli a cottura. Spennellarli con abbondante salsa e lasciarli sul fuoco ancora per un minuto, in modo da far caramellare il condimento. Servirli con erba cipollina o con i gambi dei cipollotti affettati finemente.

i nodini alla griglia

la cipolla e l'ananas...

... con la salsa

NODINI DI MAIALE ALL'ANANAS

Io amo le braciole di maiale cotte alla griglia, ma da quando le accompagno con questa padellata di ananas caramellato, ho trasformato un piatto semplice in qualcosa di molto originale, vorrei dire quasi fusion!

INGREDIENTI

per 4 persone:

- 5 cucchiai di salsa di soia
- 4 nodini di maiale
- 3-4 fette di ananas
- 3 cucchiai di aceto
- 3 cucchiai di zucchero
- 3 cucchiai di salsa Worcester
- 1 cipolla
- 1 cucchiaio di ketchup
- 1 cucchiaio di amido di mais
- olio extravergine
- sale grosso e fino

In una padella rosolare la cipolla affettata ad anelli con l'olio. Aggiungere l'ananas a dadini e regolare di sale. In una ciotola a parte, mescolare la soia, l'aceto, lo zucchero, il ketchup, la salsa Worcester e l'amido di mais, quindi versare il condimento così ottenuto nella padella con l'ananas e cuocere a fuoco medio finché la salsa non si sarà leggermente ristretta. Grigliare la carne sulla bistecchiera o in una padella antiaderente con un filo di olio e il sale grosso. Servire accompagnando i nodini di maiale con l'ananas caramellato.

INVOLTINI DI TACCHINO FRITTI

Tagliare il peperone a pezzetti e rosolarlo in padella con l'olio, il timo e il sale. Appiattire le fettine di tacchino con il batticarne, quindi farcirle con una cucchiaiata di peperoni e una di stracchino. Arrotolare la carne formando gli involtini, fermarli con uno stuzzicadenti e ripassarli prima nella farina, poi nell'uovo sbattuto e infine nel pangrattato. Friggerli in olio ben caldo e servire.

Adoro i peperoni con lo stracchino! Con una simile accoppiata di ingredienti, questi involtini sono in assoluto i miei preferiti.

INGREDIENTI

per 5 persone:

- 100 g di stracchino
- 50 g di pangrattato
- 25 g di farina
- 4 fette di fesa di tacchino
- 1-2 uova
- 1 peperone rosso
- timo qb
- olio di semi per friggere
- olio extravergine
- sale
- 4 stuzzicadenti

i gamberi rosolati

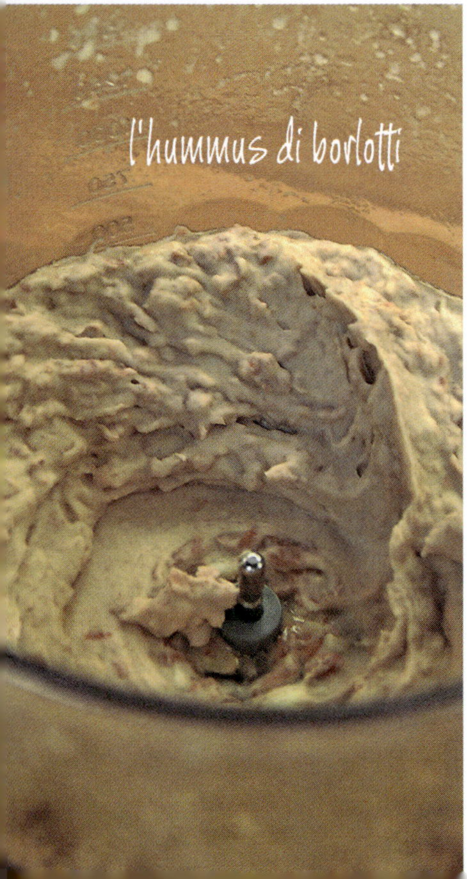
l'hummus di borlotti

HUMMUS DI BORLOTTI CON GAMBERI PICCANTI

Questo piatto si preparara in un lampo! I segreti sono due: i fagioli in scatola e i gamberi surgelati.

Rosolare i gamberi in padella con l'olio, l'aglio, la paprika e il peperoncino. Devono cuocere per circa un minuto, o resteranno duri: quindi, appena diventano bianchi, spegnere il fuoco e aggiustare di sale. Per l'hummus, sbollentare i borlotti in acqua salata per pochi minuti, scolarli e frullarli con mezzo spicchio di aglio, il succo di limone, il sale e l'olio. Servire l'hummus a quenelle (cioè in piccole porzioni di forma ovale) con i gamberi a guarnizione.

INGREDIENTI

per 4 persone:

- 20 gamberi sgusciati surgelati
- 1 cucchiaio di paprika
- 1 spicchio di aglio
- peperoncino qb
- olio extravergine
- sale

Per l'hummus

- 500 g di borlotti in scatola
- 8 cucchiai di olio extravergine
- ½ spicchio di aglio
- succo di 1 limone
- sale

POLPETTE & CROCCHETTE POLPETTE & CROCCHETTE POLPETTE
CROCCHETTE POLPETTE & CROCCHETTE POLPETTE & CROCCHETTE
POLPETTE & CROCCHETTE POLPETTE & CROCCHETTE POLPETTE
CROCCHETTE POLPETTE & CROCCHETTE POLPETTE & CROCCHETTE
POLPETTE & CROCCHETTE POLPETTE & CROCCHETTE POLPETTE
CROCCHETTE POLPETTE & CROCCHETTE POLPETTE & CROCCHETTE
POLPETTE & CROCCHETTE POLPETTE & CROCCHETTE POLPETTE
CROCCHETTE POLPETTE & CROCCHETTE POLPETTE & CROCCHETTE
POLPETTE & CROCCHETTE POLPETTE & CROCCHETTE POLPETTE
CROCCHETTE POLPETTE & CROCCHETTE POLPETTE & CROCCHETTE
POLPETTE & CROCCHETTE POLPETTE & CROCCHETTE POLPETTE
CROCCHETTE POLPETTE & CROCCHETTE POLPETTE & CROCCHETTE
POLPETTE & CROCCHETTE POLPETTE & CROCCHETTE POLPETTE
CROCCHETTE POLPETTE & CROCCHETTE POLPETTE & CROCCHETTE
POLPETTE & CROCCHETTE POLPETTE & CROCCHETTE POLPETTE
CROCCHETTE POLPETTE & CROCCHETTE POLPETTE & CROCCHETTE
POLPETTE & CROCCHETTE POLPETTE & CROCCHETTE POLPETTE
CROCCHETTE POLPETTE & CROCCHETTE POLPETTE & CROCCHETTE
POLPETTE & CROCCHETTE POLPETTE & CROCCHETTE POLPETTE
CROCCHETTE POLPETTE & CROCCHETTE POLPETTE & CROCCHETTE
POLPETTE & CROCCHETTE POLPETTE & CROCCHETTE POLPETTE
CROCCHETTE POLPETTE & CROCCHETTE POLPETTE & CROCCHETTE

POLPETTE & CROCCHETTE

Cosa c'è di più allegro che portare in tavola delle polpette?

POLPETTE DI PESCE

Queste polpette di pesce sono speciali, perché il ripieno non è omogeneo, quindi, assaporandole, si indovina la consistenza dei moscardini, delle vongole e di tutto quello che c'è dentro. Una ghiottoneria incredibile che nasconde un trucco: io le preparo usando una busta di misto mare surgelato. Che resti un segreto, però! Vi assicuro che nessuno se ne accorgerà.

INGREDIENTI

per 4 persone:

- 300 g di misto mare surgelato
- 2 uova
- 2 cucchiai di grana grattugiato
- 1 patata lessa
- pangrattato qb
- prezzemolo qb
- olio di semi per friggere
- sale e pepe

Tritare grossolanamente con il coltello il misto mare decongelato, avendo cura di non sminuzzarlo troppo finemente: all'interno delle polpette si dovranno vedere e sentire i pezzi di pesce. Trasferire il tutto in una ciotola e aggiungere la patata lessa schiacciata con lo schiacciapatate. Amalgamare bene, unendo un tuorlo (se il composto risultasse troppo asciutto, potete usare anche l'albume), il prezzemolo tritato, il pepe e il sale. Incorporare anche 2 cucchiai di grana e 2 di pangrattato, in modo da ottenere un composto abbastanza sodo per formare le polpette. In caso sia ancora molle, aggiungere altro pangrattato. Formare delle palline, ripassarle nell'uovo rimasto e nel pangrattato, quindi friggerle in olio ben caldo e servire.

polpette impanate...

... e fritte

POLPETTE DI MORTADELLA E PISTACCHI

Quando ho organizzato l'aperitivo per festeggiare la prima puntata di *Molto Bene*, il mio programma su Real Time, ho preparato queste super polpette, friggendole all'ultimo minuto e portandole al buffet croccanti e profumate. È stato un vero successo. Le mie amiche (anche se come tutte le donne sono sempre un po' a dieta) se le sono divorate!

Privare la salsiccia del budello. Frullare i pistacchi nel mixer, quindi aggiungere la mortadella e la salsiccia e frullare ancora. Bagnare il pane nel latte, strizzarlo e unirlo al composto di carne e pistacchi. Trasferire il tutto in una ciotola e incorporarvi anche la ricotta, il grana, il sale e l'uovo. Se l'impasto dovesse risultare troppo morbido, aggiungere un po' di pangrattato per renderlo più consistente. Formare le polpette. Per la panatura, tritare i pistacchi con la mollica di pane o con il pangrattato. Ripassare le polpette nell'uovo sbattuto e poi nella panure di pistacchi. Friggere in olio ben caldo e servire.

INGREDIENTI

per 8 persone:

Per le polpette
- 200 g di salsiccia
- 120 g di mortadella
- 60 g di pistacchi sgusciati
- 60 g di mollica di pane
- 60 g di grana grattugiato
- 50 g di ricotta
- 100 ml di latte
- 1 uovo
- pangrattato qb
- olio di semi per friggere
- sale

Per la panatura
- 100 g di mollica di pane o pangrattato
- 60 g di pistacchi sgusciati
- 1 uovo

CROCCHETTE DI CECI

Sciacquare i ceci sotto l'acqua corrente, quindi frullarli nel mixer con il cipollotto e il prezzemolo. Unire il succo di limone e la farina, aggiungere il tuorlo e aggiustare di sale. Se il composto dovesse risultare troppo molle, aggiungere un po' di pangrattato. Formare le crocchette con l'impasto di ceci, infarinarle leggermente e farle dorare in padella con l'olio. Per la salsa tonnata, frullare nel mixer la maionese con il tonno, completando con una manciata di capperi risciacquati. Servire le polpette accompagnandole con la salsa tonnata.

INGREDIENTI

per 4 persone:

Per le crocchette
- 230 g di ceci in scatola
- 70 g di farina + un po' per infarinare
- 1 cipollotto
- 1 mazzetto di prezzemolo
- 1 tuorlo
- succo di ½ limone
- pangrattato
- olio extravergine
- sale

Per la salsa tonnata
- 125 g di tonno sott'olio
- 50 g di maionese
- 1 cucchiaio di capperi sotto sale

Mi piace servire le crocchette per l'aperitivo, ma queste a base di ceci vanno benissimo anche come alternativa al classico secondo di carne.

POLPETTE DI SALMONE

Queste polpette sono un po' particolari, perché a tenerle insieme non è l'uovo ma la consistenza collosa del pesce. Sono leggerissime, speziate e molto golose!

INGREDIENTI

per 4 persone:

- 400 g di salmone fresco
- 125 g di yogurt bianco
- 2 zucchine
- 2 cucchiai di panna fresca
- 1 scalogno
- 1 cucchiaino di curry
- succo di ½ limone
- aneto qb
- erba cipollina qb
- olio extravergine
- sale

Tritare lo scalogno, sminuzzare il salmone con il coltello e amalgamare il tutto con cura. Grattugiare le zucchine usando il foro per le carote a julienne, quindi unirle al salmone. Salare e insaporire con il curry. Con le mani umide formare delle polpette leggermente schiacciate e metterle in padella con l'olio, quindi portarle a cottura rosolandole 3-4 minuti per parte. Preparare la panna acida mescolando la panna con lo yogurt e il succo di limone. Aromatizzare con aneto ed erba cipollina a piacere. Servire le polpette con la panna acida di accompagnamento.

la salsa allo yogurt

gli ingredienti da frullare

le polpette e la panatura di sesamo

POLPETTE ORIENTALI

Uso spesso la curcuma nelle mie ricette, perché so che fa molto bene, dal momento che è un forte antiossidante. In più regala ai miei piatti un aroma orientale particolare, che a casa mia è molto apprezzato. Provate allora queste polpette con la curcuma e la panatura di sesamo. Croccanti e irresistibili come sono, vi conquisteranno!

INGREDIENTI

per 6 persone:

Per le crocchette
- 500 g di piselli surgelati
- 150 g di ricotta
- 50 g di grana
- 50 g di pangrattato
- 1 uovo
- 1 cucchiaio di curcuma
- olio extravergine
- sale

Per la panatura
- 80 g di pangrattato
- 40 g di semi di sesamo

Per la salsa
- 3 cucchiai di yogurt greco
- menta qb
- olio extravergine
- sale e pepe

Sbollentare i piselli in acqua salata, quindi scolarli e frullarli nel mixer con il grana, la ricotta, l'uovo e il pangrattato. Unire la curcuma e aggiustare di sale. Con il composto ottenuto formare le polpette e impanarle in un mix di semi di sesamo e pangrattato. Trasferire le polpette in una teglia rivestita di carta forno, condirle con un filo di olio e cuocere in forno a 200 °C per 15 minuti. In alternativa si possono anche rosolarle in padella con poco olio. Preparare la salsa amalgamando lo yogurt greco con l'olio, il sale, il pepe e qualche foglia di menta tritata. Servire le polpette con la salsina allo yogurt.

POLPETTE AL BASILICO E RICOTTA

Se organizzate un aperitivo, queste polpettine saranno come le ciliegie: una tira l'altra.

INGREDIENTI

per 4 persone:

- 125 g di ricotta
- 125 g di farina
- 50 g di grana
- 2-3 cucchiai di pangrattato
- 1 uovo
- ½ mazzo di basilico
- olio extravergine
- sale

Frullare nel mixer la ricotta, la farina, l'uovo, il pangrattato, il grana e il basilico, quindi regolare di sale. Formare le polpette, ripassarle nel pangrattato e rosolarle in padella con l'olio, cuocendo per 4-5 minuti prima di servire.

POLPETTE NASCOSTE

Queste polpette mi ricordano una serata incantevole nella meravigliosa casa di Carlo Sama a Formentera. Le ho mangiate lì la prima volta e poi le ho replicate spesso, anche se l'atmosfera magica di Formentera, ahimè... quella è assolutamente impossibile da ricreare!

INGREDIENTI

per 4 persone:

- 250 g di carne trita di vitello
- 3-4 pomodorini
- 2 melanzane
- 1-2 fette di pancarré
- 1 tuorlo
- ½ bicchiere di latte
- farina qb
- peperoncino qb
- prezzemolo tritato qb
- pangrattato qb
- grana grattugiato qb
- olio di semi per friggere
- olio extravergine
- sale

Tagliare a metà una melanzana per il lungo, incidere la polpa con un coltello per favorirne la cottura, quindi avvolgerla nella stagnola e cuocerla in forno a 200 °C per circa 30-40 minuti. Una volta cotta, staccare la polpa dalla pelle aiutandosi con un cucchiaio. Schiacciarla bene per eliminare l'acqua di vegetazione e mescolarla in una ciotola con la carne, il pane precedentemente ammollato nel latte e strizzato, il tuorlo d'uovo, il prezzemolo, il sale e un pizzico di peperoncino. Impastare il tutto con le mani e formare le polpette. Se l'impasto dovesse risultare troppo morbido, aggiungere un po' di pangrattato e qualche cucchiaiata di grana. Modellare le polpette, facendole rotolare su un tagliere per dar loro la forma di piccoli cilindri. Tagliare l'altra melanzana a fette sottili e friggerle in olio ben caldo. Infarinare le polpette, friggerle nello stesso olio delle melanzane, poi avvolgere ogni polpetta in una fetta di melanzana fritta, come se doveste creare degli involtini. Disporre gli involtini in una teglia, gli uni vicini agli altri, completare con un po' di sale, un filo di olio e i pomodorini tagliati a cubetti. Cuocere al grill per qualche minuto.

CI PIATTI UNICI PIATTI UNIC
TTI UNICI PIATTI UNICI PIAT
CI PIATTI UNICI PIATTI UNIC
TTI UNICI PIATTI UNICI PIAT
CI PIATTI UNICI PIATTI UNIC
TTI UNICI PIATTI UNICI PIAT
CI PIATTI UNICI PIATTI UNIC
TTI UNICI PIATTI UNICI PIAT
CI PIATTI UNICI PIATTI UNIC
TTI UNICI PIATTI UNICI PIAT
CI PIATTI UNICI PIATTI UNIC
TTI UNICI PIATTI UNICI PIAT
CI PIATTI UNICI PIATTI UNIC
TTI UNICI PIATTI UNICI PIAT
CI PIATTI UNICI PIATTI UNIC
TTI UNICI PIATTI UNICI PIAT
CI PIATTI UNICI PIATTI UNI
TTI UNICI PIATTI UNICI PIAT
CI PIATTI UNICI PIATTI UNI
TTI UNICI PIATTI UNICI PIAT

PIATTI UNICI

Noi che siamo stati cresciuti con primo, secondo e contorno, godiamoci finalmente un po' di praticità grazie ai piatti unici!

POLLO AL CURRY CON RISO BASMATI

INGREDIENTI

per 4 persone:

- 500 g di pollo
- 250 g di riso Basmati
- 3 cucchiai di olio extravergine
- 2 cucchiai abbondanti di curry
- 1 mela verde
- 1 cipolla
- 1 spicchio di aglio
- 1 pezzo di radice di zenzero
- 1 bicchiere di latte
- farina qb
- peperoncino qb
- cocco rapè qb

Ho provato a fare il curry per tanti anni senza mai ottenere risultati accettabili. Non che fosse cattivo, ma non sapeva di niente. Poi ho capito. La miscela di spezie con cui si fa il curry dev'essere tostata in padella per rilasciare tutto il suo sapore. Dopo aver fatto questo, si può procedere con la ricetta. Ecco, ora il segreto è svelato anche a voi!

Lessare il riso in acqua salata. Un minuto prima di scolare, unire la mela tagliata a pezzetti con la buccia. Scolare e tenere da parte. Affettare la cipolla ad anelli e rosolarla in padella con l'olio e l'aglio. Unire al soffritto il curry e il peperoncino e lasciare insaporire bene. Tagliare il pollo a tocchetti, infarinarlo leggermente e metterlo nella pentola con le cipolle e le spezie. Aggiungere anche lo zenzero sbucciato e grattugiato insieme al cocco rapè, quindi tostare bene tutti gli aromi in modo che rilascino il loro sapore. Sfumare con il latte e portare il pollo a cottura facendo addensare la salsina. Aggiustare ancora di sale e servire con il riso come accompagnamento.

GAMBERI FUSION

Ho assaggiato questo piatto in un famoso ristorante cinese di Milano. Carciofi, gamberi, zenzero e cipollotti creano un mix saporito e sfizioso. Quando l'ho replicato a casa, però, ho fatto un errore madornale. Dopo aver aggiunto una buona dose di salsa di soia ho messo anche il sale, il che ha reso la preparazione immangiabile. Occhio alla salatura, dunque. Non fate come me!

INGREDIENTI

per 4 persone:

- 200 g di riso Basmati
- 15 gamberoni decongelati
- 4 carciofi
- 3 cipollotti
- 2 cucchiai di salsa di soia
- 1 pezzo di radice di zenzero
- 1 cucchiaio di amido di mais
- olio extravergine
- sale

Lessare il riso in acqua salata. Tagliare i cipollotti a metà per il lungo e soffriggerli in padella con poco olio. Pulire i carciofi e affettarli sottilmente, infarinarli con l'amido di mais, quindi rosolarli in padella insieme al cipollotto, aggiungendo lo zenzero grattugiato. Sfumare con la salsa di soia e mezzo bicchiere dell'acqua di cottura del riso. Una volta che i carciofi si saranno leggermente ammorbiditi (ci vorranno pochi minuti), unire i gamberoni sgusciati e cuocerli per pochi secondi. Accompagnare i gamberoni e i carciofi con il riso Basmati.

i topinambur cotti nel latte

i filetti impanati

i bastoncini usciti dal forno

BASTONCINI DI MERLUZZO CON PURÈ DI TOPINAMBUR

INGREDIENTI

per 4 persone:

- 1 kg di topinambur
- 400 g di filetti di merluzzo surgelati
- 700 ml di latte
- 1 peperone abbrustolito
- pangrattato qb
- timo qb
- olio extravergine
- sale

Per arricchire dei semplici bastoncini di merluzzo basta avvolgerli in una falda di peperone abbrustolito e servirli con un purè di topinambur: una preparazione golosa, originale e poco calorica!

Sbucciare e affettare i topinambur. Cuocerli in una pentola con il latte e il sale, finché non si saranno ammorbiditi. Prima di frullarli per ridurli in purea, controllare che non sia rimasto troppo liquido. Eventualmente togliere qualche mestolo di latte, quindi frullare con il frullatore a immersione, fino a ottenere la consistenza di un purè. Impanare nel pangrattato i filetti di merluzzo decongelati e leggermente strizzati. Tagliare il peperone abbrustolito a fettine. Salare il pesce e avvolgere ciascun filetto con una striscia di peperone. Completare con il timo e un filo di olio, quindi trasferire i bastoncini di merluzzo in una teglia rivestita di carta forno e cuocere in forno a 180 °C per 10 minuti.

SOGLIOLA ALLA SICILIANA

Adoro l'insalata siciliana fatta con il finocchio e l'arancia. Così, l'ho voluta utilizzare come letto su cui adagiare le mie sogliole al forno. L'accompagnamento ideale per questo piatto, sia dal punto di vista cromatico sia da quello del gusto, è un bel piatto di riso Venere, nerissimo e profumato, con l'aggiunta di mandorle sfilettate e tostate.

INGREDIENTI

per 4 persone:

- 250 g di riso Venere
- 60 g di pangrattato
- 4 filetti di sogliola
- succo di 2 arance
- 1 finocchio
- mandorle qb
- olive nere denocciolate
- olio extravergine
- sale

Tagliare il finocchio a fettine sottili e disporle su una teglia rivestita di carta forno. Aggiungere i filetti di sogliola e irrorarli con il succo d'arancia. Completare con il pangrattato, il sale e un filo di olio. Aggiungere le olive e cuocere in forno a 180 °C per 10 minuti circa. Nel frattempo lessare il riso Venere. Tostare in padella le lamelle di mandorle con poco sale. Scolare il riso, condirlo con un po' di olio, spolverizzare con le mandorle e servire come accompagnamento alla sogliola.

FILETTI DI GALLINELLA SU LETTO DI RISO

INGREDIENTI

per 4 persone:

- 300 g di filetti di gallinella
- 300 g di riso Basmati (o riso normale)
- 350 ml di passata di pomodoro
- 1 cipolla
- ½ bicchiere di vino bianco
- prezzemolo tritato qb
- olio extravergine
- sale

Visto che Fabio non mangia volentieri la pasta, spesso mi invento dei secondi "sugosi" fatti con la salsa di pomodoro da accompagnare al riso Basmati. È una soluzione pratica, veloce e leggera.

Tagliare la cipolla ad anelli e rosolarla in padella con un po' di olio. Privare la gallinella di eventuali spine (si sentono passando il dito sulla polpa del pesce), estraendole se necessario con una pinzetta. Trasferire i filetti ben puliti nella padella con le cipolle e farli rosolare su entrambi i lati per un minuto. Sfumare con il vino bianco, lasciar evaporare, quindi unire la passata di pomodoro e il prezzemolo. Regolare di sale e cuocere finché la salsa non si sarà leggermente ristretta, senza muovere il pesce per evitare di romperlo. Nel frattempo lessare il riso, scolarlo e disporlo su un ampio piatto da portata dai bordi un po' alti. Sistemare sopra il riso i filetti di gallinella e il sugo di pomodoro.

FISH CURRY

INGREDIENTI

Se siete abituati a fare il pollo al curry, cimentatevi con questa golosa variante! Il pesce bianco, in particolare il merluzzo, si sposa benissimo con il gusto speziato del curry, e la comodità è che potrete preparare questo piatto in ogni momento usando un pesce surgelato e decongelato con poco anticipo. Si può servire il Fish curry con il riso o con le patate.

per 4 persone:

- 400 g di merluzzo decongelato
- 200 g di riso Basmati
- 100 ml di panna fresca
- 2 cucchiai di cocco rapè
- 1 bicchiere di vino bianco
- 1 cucchiaino di curry
- ½ cipolla
- ½ cucchiaino di curcuma
- ½ cucchiaino di paprika
- ½ radice di zenzero
- noce moscata qb
- peperoncino qb
- prezzemolo qb
- olio extravergine
- sale

Lessare il riso in acqua bollente salata. Affettare la cipolla a rondelle e rosolarla in padella con qualche cucchiaio di olio a fuoco dolce. Unire il curry, la curcuma, la paprika, la noce moscata, un pizzico di peperoncino e soffriggere dolcemente in modo che le spezie sprigionino tutto il loro sapore. Aggiungere quindi lo zenzero grattugiato e il cocco rapè. Far rosolare ancora per qualche minuto, quindi sfumare con il vino bianco, lasciar evaporare e unire la panna. Portare a bollore, immergere nella panna il merluzzo tagliato a tocchetti. Cuocere con il coperchio per circa 10 minuti, quindi togliere il coperchio e continuare la cottura per restringere il sugo. Spegnere il fuoco, completare con il prezzemolo tritato e servire con il riso Basmati come accompagnamento.

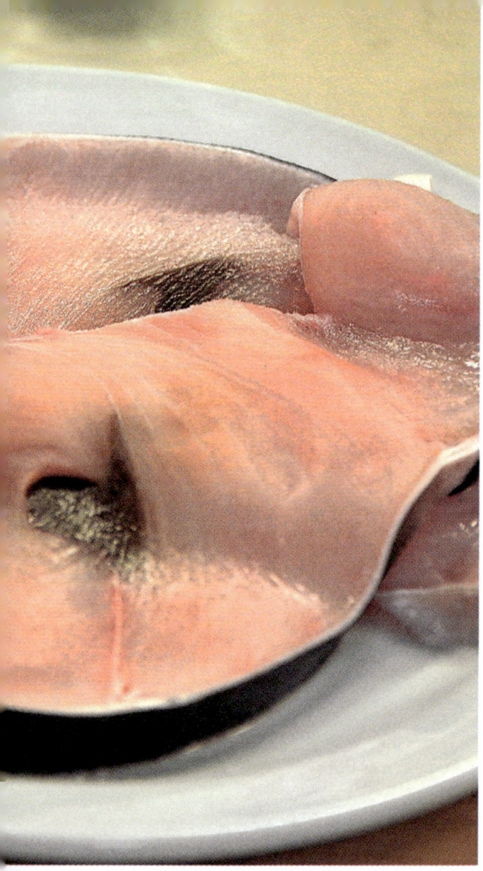

il palombo impanato

il cavolo cappuccio affettato

PALOMBO IMPANATO CON INSALATA DI MELE E RIBES

Frullare nel mixer il pangrattato con i pomodorini secchi, l'origano e il prezzemolo. Tagliare il palombo in tranci e ripassarlo nella panatura, quindi rosolarlo in padella con un filo di olio a fuoco dolce, cuocendo su entrambi i lati e aggiustando di sale. Pochi minuti dovrebbero bastare per portare il pesce a cottura. Per l'insalata, affettare sottilissimo il cavolo cappuccio e condirlo con sale e olio. Tagliare le mele a fettine altrettanto sottili, come per un carpaccio. Disporre sul piatto un letto di fettine di mela, quindi insaporirle con il succo di limone mescolato con la cannella. Sistemarci sopra l'insalata di cavolo cappuccio, completando con il ribes o i chicchi di melograno. Servire con i tranci di palombo.

INGREDIENTI

per 4 persone:

- 500 g di palombo
- 50 g di pangrattato
- 3 pomodorini secchi sott'olio
- 1 ciuffo di prezzemolo
- origano qb
- olio extravergine
- sale

Per l'insalata
- 100 g di ribes o chicchi di melograno
- 2 mele verdi
- ½ cavolo cappuccio
- succo di 1 limone
- cannella qb
- olio extravergine
- sale

Se volete portare a tavola qualcosa di diverso, ma non troppo, questo è il piatto che fa per voi. La panatura con i pomodorini secchi darà carattere al pesce, mentre l'insalatina di mele e ribes gli regalerà un'irresistibile sferzata di freschezza.

RITTELLE FRITTI, FRITTATE & FRITTELLE FRITTI,
ITTI, FRITTATE & FRITTELLE FRITTI, FRITTATE & FRI
RITTELLE FRITTI, FRITTATE & FRITTELLE FRITTI
ITTI, FRITTATE & FRITTELLE FRITTI, FRITTATE & FRI
RITTELLE FRITTI, FRITTATE & FRITTELLE FRITTI
ITTI, FRITTATE & FRITTELLE FRITTI, FRITTATE & FRI
RITTELLE FRITTI, FRITTATE & FRITTELLE FRITTI
ITTI, FRITTATE & FRITTELLE FRITTI, FRITTATE & FRI
RITTELLE FRITTI, FRITTATE & FRITTELLE FRITTI
ITTI, FRITTATE & FRITTELLE FRITTI, FRITTATE & FRI
RITTELLE FRITTI, FRITTATE & FRITTELLE FRITTI
ITTI, FRITTATE & FRITTELLE FRITTI, FRITTATE & FRI
RITTELLE FRITTI, FRITTATE & FRITTELLE FRITTI
ITTI, FRITTATE & FRITTELLE FRITTI, FRITTATE & FRI
RITTELLE FRITTI, FRITTATE & FRITTELLE FRITTI
ITTI, FRITTATE & FRITTELLE FRITTI, FRITTATE & FRI
RITTELLE FRITTI, FRITTATE & FRITTELLE FRITTI
ITTI, FRITTATE & FRITTELLE FRITTI, FRITTATE & FRI
RITTELLE FRITTI, FRITTATE & FRITTELLE FRITTI
ITTI, FRITTATE & FRITTELLE FRITTI, FRITTATE & FRI
RITTELLE FRITTI, FRITTATE & FRITTELLE FRITTI
ITTI, FRITTATE & FRITTELLE FRITTI, FRITTATE & FRI

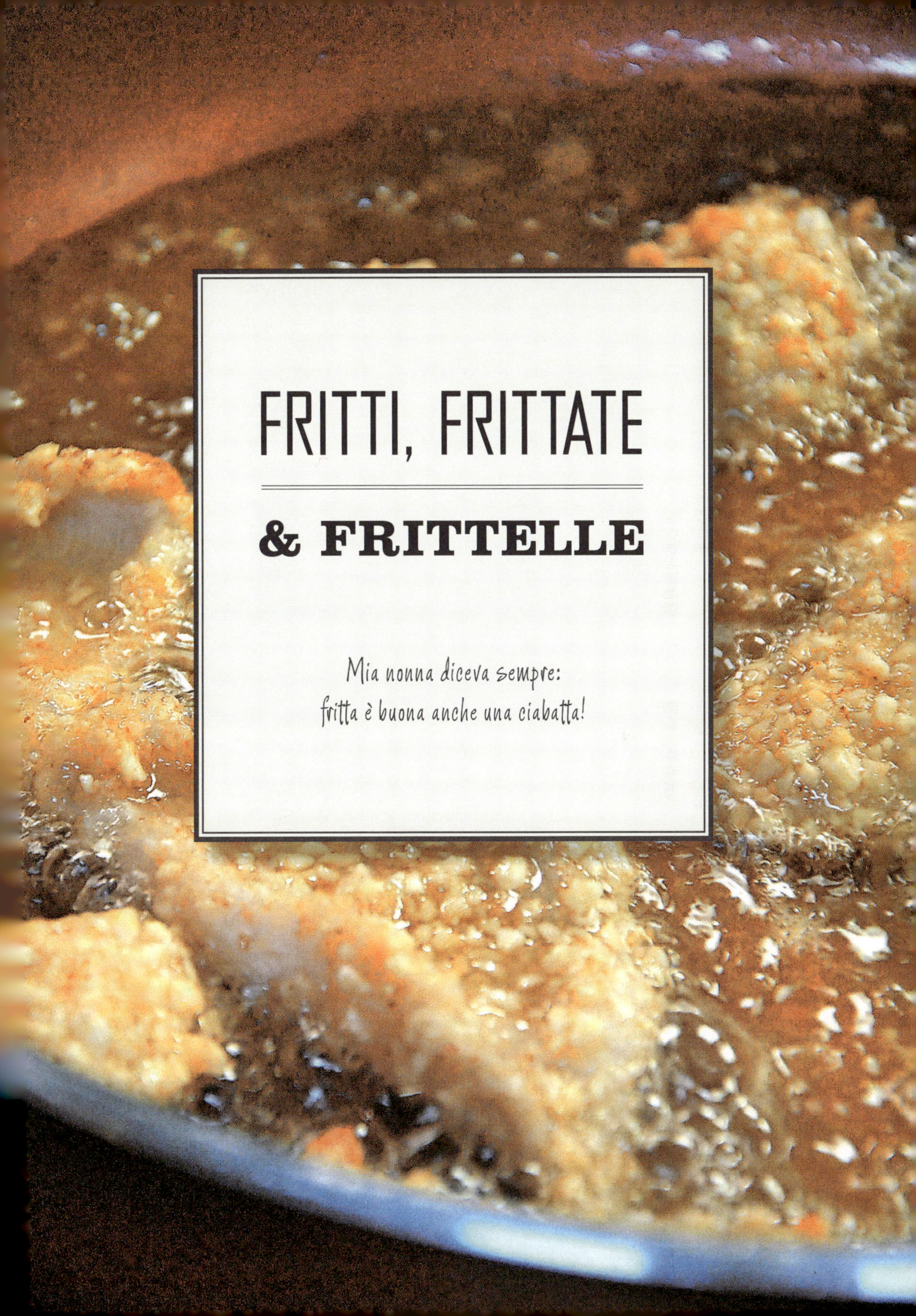

FRITTI, FRITTATE & FRITTELLE

Mia nonna diceva sempre:
fritta è buona anche una ciabatta!

l'impasto per le ciambelline

le ciambelline pronte da friggere

CIAMBELLINE DI ZUCCHINE

Affettare le zucchine e rosolarle in padella con l'olio e l'aglio. Quando saranno pronte, togliere l'aglio, frullarle nel mixer e trasferirle in una ciotola. Schiacciare le patate con lo schiacciapatate e unirle alle zucchine. Aggiungere ancora l'uovo, il grana, il sale, il prezzemolo e un po' di pangrattato per ottenere un composto asciutto e sodo. Lasciarlo raffreddare per renderlo più consistente. Per modellare le ciambelle, fare dei rotolini impanandoli nel pangrattato. Tagliare in due ogni rotolino, e unire le estremità, quindi friggere le ciambelline in olio ben caldo. Salare prima di servire.

INGREDIENTI

per 6 persone:

- 100 g di grana grattugiato
- 5 patate lesse
- 2 zucchine
- 1 spicchio di aglio
- 1 uovo
- 1 cucchiaio di prezzemolo tritato
- pangrattato qb
- olio di semi per friggere
- olio extravergine
- sale

Queste ciambelline sono un po' delicate da impastare, ma una volta fritte sono davvero originali e gustose. Meglio prima far riposare l'impasto in frigo così si indurisce. E se le ciambelle non vi vengono, fate delle semplici polpette: saranno buone lo stesso!

NUGGETS

I nuggets sono uno dei piatti preferiti dai bambini, ma anche dai grandi. A me piace tanto mangiarli con le mani davanti alla tv durante il weekend, guardando un film divertente!

INGREDIENTI

per 6 persone:

- 1 kg di petto di pollo
- 80 ml di latte
- 5 cucchiai di farina + un po' per infarinare
- 3 uova
- 2 cucchiai di farina di mais
- 1 cucchiaino di bicarbonato di sodio
- olio di semi per friggere
- sale

Ridurre il petto di pollo in straccetti. Preparare la pastella mescolando le farine con le uova, il latte (poco per volta, in modo da ottenere una consistenza densa) e il bicarbonato. Infarinare leggermente i bocconcini di pollo e ripassarli nella pastella. Friggerli e salarli prima di servire.

SALVIA FRITTA RIPIENA E ONION RINGS

Questo piatto è perfetto come aperitivo o come contorno per un pranzo un po' rustico. È delizioso e soprattutto super economico!

INGREDIENTI

per 4 persone:

- 80 g di scamorza affumicata
- 16 foglie di salvia
- 2 uova
- 1 cipolla
- acqua gasata qb
- pangrattato qb
- farina qb
- olio di semi per friggere
- sale

Tagliare la scamorza a fettine. In un piatto sbattere le uova e immergerci le foglie di salvia, quindi farcirle con la scamorza formando dei sandwich e ripassarli nel pangrattato cercando di sigillare bene le foglie, per non fare uscire il formaggio. In una padella portare l'olio di semi a temperatura, friggere la salvia e scolarla su un foglio di carta da cucina. Salare prima di servire. Per gli onion rings, affettare la cipolla intera ricavando degli anelli piuttosto spessi. Preparare la pastella mettendo la farina in una ciotola e aggiungendo l'acqua gasata poco per volta (mescolando con una frusta o con una forchetta), fino a ottenere una pastella densa. Immergere gli anelli nella pastella, sgocciolarli leggermente, poi ripassarli nel pangrattato. Friggere in abbondante olio caldo. Scolare sulla carta da cucina, regolare di sale e servire.

FRITTATA ALLA BOLOGNESE

Questa ricetta mi è arrivata per posta insieme a un delizioso disegno che mi rappresentava nell'atto di chiudere il forno con il tacco. Bello il disegno, splendida la ricetta!

INGREDIENTI

per 4 persone:

- 50 g di grana grattugiato
- 5 uova
- 2-3 fette di mortadella
- prezzemolo tritato qb
- olio extravergine
- sale

Sbattere le uova con il sale, il grana e il prezzemolo tritato. Nel frattempo scaldare l'olio in una padella e versarvi il composto di uova. Prima che la frittata si rassodi completamente, aggiungere le fette di mortadella, in modo che affondino leggermente nell'uovo ancora morbido. Quando è il momento, girare la frittata e completare la cottura anche sull'altro lato. Servire con la mortadella bene in vista.

le patate in cottura nel brodo di gamberi

i gamberi fritti

CAPPUCCINO DI MARE

Se volete giocare un po', provate questa ricetta che sembra un cappuccino e invece è una vellutata di patate con gamberi fritti croccanti come accompagnamento.

INGREDIENTI

per 4 persone:

- 4 gamberi
- 2 patate
- 1 porro
- 1 piccola matassa di spaghettini di riso
- ½ bicchiere di vino bianco
- prezzemolo qb
- olio di semi per friggere
- olio extravergine
- sale e pepe

Sgusciare i gamberi, quindi rosolare in un tegame le teste e i carapaci con un po' di olio e mezzo porro. Schiacciare bene le teste con il cucchiaio, in modo da dare sapore, poi sfumare con il vino bianco. Aggiungere il prezzemolo tritato e il pepe, allungare con l'acqua fino a un dito circa sopra il livello delle teste dei gamberi e lasciar sobbollire per una decina di minuti. Immergere gli spaghettini di riso in una ciotola di acqua fredda e lasciarli ammorbidire. In un pentolino a parte sistemare le patate tagliate a fette sottili, unire l'altra metà del porro, versare il brodo dei gamberi filtrato con un colino e salare leggermente. Lasciar cuocere finché le patate non saranno ben morbide. Frullare il tutto in modo da ottenere una vellutata. Mi raccomando: regolatevi voi, aggiustando la quantità di liquido per ottenere la consistenza che preferite. Se il sugo delle patate dovesse asciugare troppo, aggiungere un po' di acqua, mentre se la zuppa di patate è troppo brodosa, togliere un mestolo di brodo prima di frullarla. Lasciare intiepidire la vellutata, quindi fasciare i gamberi con gli spaghettini di riso e friggerli in olio ben caldo. Servire la vellutata in una tazza da cappuccino con il gambero posato su un piattino, come se fosse un cornetto!

le cosce dopo la prima cottura...

... passate nell'uovo e senape...

... e poi nella farina, pronte da friggere

POLLO FRITTO DI MIGUEL

Cuocere le cosce di pollo in una pentola con due dita di acqua bollente salata. Unire anche uno spicchio di aglio e l'alloro. Fare andare il pollo per circa 20 minuti e, se l'acqua dovesse asciugare, aggiungerne dell'altra poco per volta, senza esagerare, però, perché le cosce di pollo non dovranno essere bollite. Spegnere e lasciar raffreddare. In una ciotola mescolare le uova con la senape. A parte, preparare la panatura mescolando farina, fecola, paprika, rosmarino e timo tritati, sale e pepe. Quando il pollo è cotto, ripassarlo prima nel composto di uova e senape, poi nella panatura, quindi friggerlo tuffando la carne in olio ben caldo.

INGREDIENTI

per 4 persone:

- 8 cosce di pollo
- 2 uova
- 2 cucchiai colmi di senape
- 1 spicchio di aglio
- 1 foglia di alloro
- sale

Per la panatura

- 75 g di farina
- 75 g di fecola di patate
- 1 cucchiaio di paprika
- 1 rametto di rosmarino
- timo qb
- olio di semi per friggere
- sale e pepe

Il problema delle cosce di pollo fritte è che, per cuocere bene la polpa all'interno, spesso si rischia di bruciare la panatura. Miguel Casas mi ha suggerito una soluzione veramente brillante!

FRICO

Non avevo mai cucinato il frico, una specialità friulana, prima che Lorenzo Boni mi facesse vedere il procedimento. Devo dire che è una prelibatezza davvero unica, a base di patate, formaggio e cipolla. Non è certo un piatto leggero, ma ogni tanto vale la pena di trasgredire!

INGREDIENTI

per 4 persone:

- 400 g di montasio
- 40 g di burro
- 40 g di olio extravergine
- 200-250 ml di brodo vegetale
- 4 patate
- 1 cipolla
- sale e pepe

Affettare la cipolla e farla rosolare in una padella con l'olio a fuoco dolce. Pelare le patate, tagliarle a fettine sottili, quindi trasferirle nella padella con la cipolla. Unire il sale, il pepe e mescolare delicatamente. Se le patate dovessero rompersi, pazienza. Cuocerle aggiungendo gradualmente un po' di brodo, poi coprire la padella con il coperchio. Tagliare il formaggio a fettine sottili. Quando le patate saranno morbide, unire il burro e lasciarlo sciogliere, poi ricoprire il tutto con il formaggio. Mettere il coperchio e far fondere il montasio per circa 5 minuti. Quando si sarà sciolto, e sulla base del frico si sarà formata una bella crosticina, eliminare l'olio in eccesso aiutandosi con un mestolo, quindi girarlo come se fosse una frittata. Rosolare anche l'altro lato e servire tiepido.

TORTILLA DI PATATE

INGREDIENTI

per 6 persone:

- 500 g di patate
- 150 g di pancetta affumicata
- 3 uova
- 1 cipolla
- olio extravergine
- sale

Invece della solita frittata Italian Style, vi voglio proporre la tortilla di patate: spessa, soffice e arricchita con la pancetta affumicata. Credo che potrà piacere anche a voi!

In una padella rosolare la pancetta a pezzetti senza condimento. Unire la cipolla tagliata ad anelli e le patate ridotte a cubetti. Cuocere dolcemente per una ventina di minuti, finché le patate non saranno cotte perfettamente. Versare tutto in una ciotola e aggiungere le uova. Salare, mescolare e trasferire il composto in una padella unta di olio. Cuocere la tortilla a fuoco dolce con il coperchio per circa 10 minuti, poi rigirarla (aiutandosi se necessario con il coperchio) e continuare la cottura anche dall'altro lato.

FRITTO ALL'ARRABBIATA

Intingere il fritto in un sughetto di pomodoro leggermente all'arrabbiata è un'esperienza da provare assolutamente. Io servo il pesce fritto nel piatto e prevedo una ciotolina di sugo per ogni commensale. Ho visto che in America il fritto di pesce viene servito così e mi sono detta: è una splendida idea da replicare! Per rendere più croccante la frittura, poi, passo il pesce nel bianco d'uovo.

INGREDIENTI

per 6 persone:

- 600 g di gamberi
- 400 g di anelli di calamari
- 400 g di polipetti
- 250 ml di passata di pomodoro
- 4 cucchiai di olio extravergine
- 2 albumi
- 1 spicchio di aglio
- 1 cucchiaino di zucchero
- peperoncino qb
- prezzemolo qb
- farina qb
- olio di semi per friggere
- sale

In un pentolino dai bordi alti rosolare l'olio con l'aglio e un pizzico di peperoncino. Inclinare leggermente la padella, in modo da immergere completamente l'aglio nell'olio, poi raddrizzarla. Unire il prezzemolo, la passata di pomodoro, il sale e un cucchiaino di zucchero. Cuocere il sugo a fuoco dolce con il coperchio per circa 15-20 minuti, in modo che si restringa e si insaporisca. Nel frattempo sbattere rapidamente gli albumi con le fruste. Ripassare il pesce prima negli albumi, poi nella farina, quindi friggerlo poco per volta. Salare la frittura e servirla con il sughetto all'arrabbiata a cui si sarà tolto l'aglio.

l'agnello marinato...

... e impanato

AGNELLO IMPANATO NEL CUSCUS

Il cuscus con l'agnello è un classico della cucina nordafricana, ma avete mai provato a impanare l'agnello con il cuscus? È una piacevole sorpresa.

INGREDIENTI

per 4 persone:

- 600 g di agnello
- 200 g di cuscus
- 200 ml di acqua
- 1 uovo
- olio di semi per friggere
- olio extravergine
- sale

Per la salsa
- 2-3 cucchiai di zucchero
- 1 bicchiere di vino bianco
- ½ bicchiere di aceto balsamico

Per la marinata
- 1 spicchio di aglio
- vino bianco e aceto qb
- scorza grattugiata di limone non trattato qb
- menta qb

Far rinvenire il cuscus coprendolo con acqua calda salata e un filo di olio. Lasciarlo riposare per una decina di minuti, quindi sgranarlo con attenzione aiutandosi con la forchetta. Nel frattempo preparare la salsa facendo sobbollire in un pentolino il vino bianco, l'aceto balsamico e lo zucchero. Preparare anche una marinata con il vino, l'aceto, l'aglio, la scorza di limone grattugiata e qualche fogliolina di menta. Bagnare l'agnello tagliato a pezzi con la marinata. Sgocciolare la carne e impanarla nell'uovo sbattuto e poi nel cuscus, schiacciando con le mani, in modo che la panatura aderisca bene e rimanga compatta. Friggere in olio ben caldo e servire subito con la salsa all'aceto balsamico.

i corn dog steccati...

... e fritti

CORN DOG DI ASTICE

Ho visto preparare questo piatto da Graham Elliot, giudice di *MasterChef USA*, e me ne sono innamorata. Bisogna preparare una pastella molto densa, la stessa che si usa per ricoprire i würstel. In questo caso, però, si usano delle splendide code di astice. Potete comprare quelle precotte e surgelate che costano meno e sono sicuramente più pratiche.

INGREDIENTI

per 4 persone:

- 4 code di astice precotte e surgelate
- 2 tuorli
- 1 bicchiere di farina
- 1 bicchiere di latte
- 1 cucchiaino di zucchero
- 1 cucchiaino di lievito (va bene anche quello per dolci)
- ½ bicchiere di farina fioretto di mais
- maionese qb
- erba cipollina qb
- scorza grattugiata di limone non trattato qb
- olio di semi per friggere
- sale
- 4 stecchi lunghi

Preparare la pastella mescolando nel mixer le due farine con lo zucchero, il sale e il lievito setacciato. Aggiungere il latte e i tuorli e continuare a frullare, in modo da ottenere una pastella abbastanza densa. In alternativa al mixer, mescolare il tutto anche con il cucchiaio in una ciotola. Sgusciare le code di astice decongelate e infilzarle in uno stecco di legno, immergerle nella pastella in modo da ricoprirle completamente e friggerle in olio ben caldo. Servire i corn dog di astice con la maionese aromatizzata con l'erba cipollina tritata e la scorza grattugiata di limone.

FRITTELLE DI FETA E ZUCCHINE

INGREDIENTI

per 4 persone:

- 190 g di feta
- 3-4 cucchiai di farina
- 2 zucchine
- 1 uovo
- 1 pizzico di bicarbonato
- ½ porro
- menta qb
- scorza di limone non trattato qb
- succo di lime qb
- olio extravergine
- sale

Lievemente acidule, leggere, particolari e profumatissime, queste frittelle sono una golosità che mi ha insegnato Tiziana Grassi, a cui dico grazie!

Grattugiare le zucchine usando il foro per le carote a julienne, avvolgerle in un foglio di carta da cucina e strizzarle bene. A parte preparare la pastella mescolando l'uovo con la farina, il sale, il bicarbonato; quindi unire l'acqua necessaria per ricavare una pastella spessa e densa. Sbriciolare la feta a cubetti e unirla al composto. Aggiungere anche le zucchine, la scorza di limone grattugiata, la menta e il porro tritati. Regolare di sale e mescolare il composto. Scaldare una padella unta di olio; quando sarà ben calda, preparare le frittelle versando una cucchiaiata di pastella e cuocendola su entrambi i lati. Continuare fino a esaurire la pastella. Irrorare con il succo di lime e servire.

l'albume e la crema di gamberi

i triangoli impanati

TOAST DI GAMBERI

Invece di andare al ristorante cinese, potete preparare da voi i vostri toast di gamberi. Il procedimento è divertente e molto originale.

Frullare i gamberi con la cipolla tritata, la salsa di soia e l'amido di mais. Montare l'albume a neve e incorporarlo al composto di gamberi. Spalmare questa crema densa e appiccicosa sulle fette di pane, quindi tagliarle in quattro lungo le diagonali, in modo da ottenere 8 triangoli. Cospargere i triangoli con uno spesso strato di sesamo, livellare la crema di gamberi lungo i bordi, quindi friggere i toast in abbondante olio bollente e servire.

INGREDIENTI

per 4 persone:

- 120 g di gamberi sgusciati decongelati
- 2 fette di pancarré
- 2 cucchiai di amido di mais
- 2 cucchiai di salsa di soia
- 1 albume
- 1 cipolla
- semi di sesamo qb
- olio di semi per friggere

NUGGETS DI SOGLIOLA ALLE MANDORLE

Al posto della solita panatura, provate a friggere queste sogliole con le mandorle tritate! E servitele con una maionese aromatizzata alle erbe. Super!

Immergere i filetti di sogliola nel latte e lasciarli riposare in frigo per un'oretta. Nel frattempo preparare la panatura frullando le mandorle con la farina, il pangrattato e un pizzico di sale. Sgocciolare i filetti di sogliola, ridurli in straccetti, impanarli e friggerli in olio bollente. Per la salsa, frullare la maionese con l'aneto, l'aglio, il timo, qualche ago di rosmarino e un pizzico di sale. Prima di servire, salare i nuggets di sogliola e cospargerli di paprika. Servire con la maionese aromatizzata.

INGREDIENTI

per 4 persone:

- 600 g di filetti di sogliola
- 100 ml di latte

Per la panatura
- 150 g di mandorle sgusciate e pelate
- 3 cucchiai di farina
- 3 cucchiai di pangrattato
- olio di semi per friggere
- sale

Per la salsa
- 100 g di maionese
- 3 rametti di timo
- 1 rametto di aneto
- 1 cucchiaio di paprika
- ½ spicchio di aglio
- rosmarino qb
- sale

TE & CROSTATE TORTE & CROS
TATE TORTE & CROSTATE TOR
TE & CROSTATE TORTE & CROS
TATE TORTE & CROSTATE TOR
TE & CROSTATE TORTE & CROS
TATE TORTE & CROSTATE TOR
TE & CROSTATE TORTE & CROS
TATE TORTE & CROSTATE TOR
TE & CROSTATE TORTE & CROS
TATE TORTE & CROSTATE TOR
TE & CROSTATE TORTE & CROS
TATE TORTE & CROSTATE TOR
TE & CROSTATE TORTE & CROS
TATE TORTE & CROSTATE TOR
TE & CROSTATE TORTE & CROS
TATE TORTE & CROSTATE TOR
TE & CROSTATE TORTE & CROS
TATE TORTE & CROSTATE TOR
TE & CROSTATE TORTE & CROS
TATE TORTE & CROSTATE TOR
TE & CROSTATE TORTE & CROS
TATE TORTE & CROSTATE TOR

TORTE
& CROSTATE

Fare le torte è un atto d'amore.
Non dico altro!

il guscio di frolla pronto da infornare

la frolla cotta riempita di crema

CROSTATA CON CREMA AL MASCARPONE E FRAGOLE

Questa torta è davvero diversa e deliziosa. La pasta frolla è fatta con le nocciole, il che le dona una texture ancor più friabile e golosa. La crema invece è un perfetto matrimonio tra la consistenza burrosa del mascarpone e l'acidità dello yogurt. Da provare.

INGREDIENTI

per 4 persone:

Per la frolla
- 250 g di farina
- 125 g di burro
- 100 g di zucchero
- 50 g di nocciole sgusciate
- 2 tuorli
- 1 cucchiaio di latte
- fagioli secchi qb
- sale

Per la crema
- 250 g di mascarpone
- 250 g di yogurt greco
- 1 cucchiaio di miele

Per guarnire
- 2 cestini di fragole
- 1 ciuffo di menta
- zucchero qb

Frullare nel mixer le nocciole con lo zucchero. Unire la farina, il burro, un pizzico di sale e continuare a frullare, aggiungendo anche i tuorli e il latte. Quando l'impasto è pronto, stenderlo con il mattarello tra due fogli di carta forno e trasferirlo in una tortiera, conservando la carta forno alla base. Bucherellare il fondo della frolla con i rebbi di una forchetta, poi ricoprirlo con l'altro foglio di carta forno e i fagioli secchi. Cuocere in forno a 200 °C per 15 minuti, poi abbassare la temperatura a 180 °C e proseguire la cottura per altri 10 minuti senza fagioli. Tagliare le fragole a pezzi e farle insaporire con un po' di zucchero. Preparare la crema mescolando il mascarpone con lo yogurt e il miele. Aggiungere un po' del succo delle fragole. Riempire con la crema il guscio di frolla raffreddato, quindi completare con le fragole e qualche fogliolina di menta.

NUVOLINA

Questa torta è chiamata Nuvolina perché è davvero leggerissima sia nel gusto sia nell'apporto calorico. Questa leggerezza, però, non va affatto a discapito del gusto. Torta ideale da mangiare anche a colazione!

INGREDIENTI

per 6 persone:

- 240 g di zucchero
- 200 g di farina
- 100 g di fecola di patate
- 125 ml di acqua
- 120 ml di olio di mais
- 3 uova
- 1 bustina di lievito per dolci
- 1 bustina di vanillina
- scorza grattugiata di 1 limone non trattato
- sale
- zucchero a velo

Frullare nel mixer lo zucchero e le uova con un pizzico di sale. Continuare a frullare versando l'olio e l'acqua, quindi unire le farine a cui avrete incorporato il lievito, la vanillina e la scorza grattugiata del limone. In alternativa al mixer, amalgamare a mano il composto in una ciotola con una frusta o con una forchetta. Versare l'impasto in una tortiera imburrata e infarinata, quindi cuocere in forno statico a 180 °C per 30 minuti. Lasciare raffreddare, poi spolverizzare con un po' di zucchero a velo.

CIAMBELLA AL CIOCCOLATO

Per me e la mia famiglia questa ciambella super cioccolatosa è un must delle colazioni del weekend. Io la preparo in un lampo buttando tutto nel frullatore anche la sera tardi. Mentre cuoce, leggo un buon libro, quindi vado a dormire felice, sapendo che al mattino il risveglio sarà... dolcissimo!

INGREDIENTI

per 8 persone:

- 240 g di zucchero
- 125 g di burro
- 125 g di farina
- 120 g di cioccolato fondente
- 5 uova
- 1 bustina di lievito per dolci
- zucchero a velo

Fondere il cioccolato in un pentolino con un cucchiaio di acqua. In una ciotola a parte, sbattere le uova con lo zucchero, quindi unire il burro sciolto, la farina, il lievito e per finire il cioccolato fondente fuso. Amalgamare bene tutti gli ingredienti, poi versare il composto nello stampo da ciambella imburrato e infarinato. Cuocere in forno a 180 °C per 30 minuti. Completare con un po' di zucchero a velo da spolverizzare sulla torta prima di servire.

EASY TRONCHETTO

Questo tronchetto natalizio molto easy è un'idea davvero brillante del mio amico chef Lorenzo Boni. Il colpo di genio è quello di utilizzare i rotoli di pan di Spagna già pronti che si trovano al supermercato.

INGREDIENTI

per 10 persone:

- 2 rotoli di pan di Spagna farciti
- 500 g di cioccolato fondente
- 500 ml di panna vegetale
- 50 ml di latte
- 2 fogli di colla di pesce
- zucchero a velo
- cacao
- 1 stecco lungo

Ammollare la colla di pesce per 5 minuti. Sciogliere il cioccolato con il latte a fuoco dolce. Unire la colla di pesce strizzata, mescolare, spegnere e lasciare raffreddare. Montare la panna e incorporarla al cioccolato intiepidito, mescolando delicatamente dal basso verso l'alto. Sistemare un rotolo di pan di Spagna al centro del piatto, tagliare il secondo in due parti, una lunga e una corta, accostandole al tronchetto, leggermente oblique, come rami. Perché non si muovano, infilzare la parte interna dei rami con uno stecco da spiedino e fissarli al tronco. Ricoprire con la crema al cioccolato. Raffreddare in frigo, poi ripassare la superficie con la forchetta facendo delle zigrinature per simulare la corteccia. Decorare a piacere e completare con cacao e zucchero a velo.

CROSTATA CON LE FORMINE

La crostata è la torta preferita di mia figlia Eleonora. Dal momento che fare le strisce con la frolla è un po' complicato, quando la cucino con lei mi diverto a ricoprirla con tante piccole formine di pasta. Ogni crostata diventa quindi un'opera unica e irripetibile!

INGREDIENTI

per 8 persone:

- 250 g di farina
- 250 g di marmellata di fragole
- 125 g di burro
- 125 g di zucchero
- 1 uovo
- ½ cucchiaino di lievito per dolci
- sale

Per la pasta frolla, raccogliere nel mixer la farina con il burro freddo tagliato a pezzetti, lo zucchero, il sale, il lievito e frullare fino a ottenere un composto sabbioso. Unire l'uovo e continuare a impastare fino ad avere una palla di impasto che si può stendere subito perché dovrebbe risultare abbastanza sodo. In alternativa lavorare l'impasto con le mani, usando il burro morbido per fare meno fatica ad amalgamare gli ingredienti. Tagliare un terzo circa dell'impasto (servirà per le formine con cui fare le decorazioni alla fine), stenderlo con il mattarello tra due fogli di carta forno leggermente infarinati, poi mettere a riposare in frezeer tenendolo tra i due fogli di carta forno. Stendere il resto dell'impasto seguendo lo stesso procedimento. Eliminare il foglio superiore e sistemare la frolla in una tortiera, avendo cura di conservare la carta forno alla base. Farcire il guscio di frolla con la marmellata. Tirare fuori dal freezer l'altra frolla, eliminare il foglio di sopra e fare le formine tagliando con gli stampini che preferite. Sistemarle sulla marmellata scatenando la fantasia. Cuocere in forno a 180 °C per 25 minuti.

CRUMBLE ALLA NUTELLA

Ho provato e riprovato a fare questa torta finché non è venuta meravigliosamente come volevo io! Frolla di nocciole, crema di Nutella e ricotta, e sopra un crumble dolce e croccante. Una torta davvero deliziosa, anzi... una vera poesia!

INGREDIENTI

per 8 persone:

- 300 g di farina
- 125 g di burro
- 130 g di zucchero
- 80 g di nocciole sgusciate
- 20 g di cacao amaro
- 2 uova
- ½ bustina di lievito per dolci
- sale

Per la crema

- 250 g di ricotta
- 250 g di Nutella
- 10 g di nocciole sgusciate

Frullare le nocciole nel mixer. In una ciotola mescolare la farina con il burro sciolto, lo zucchero e un pizzico di sale. Unire anche le nocciole tritate, il cacao e il lievito. Aggiungere in ultimo le uova e impastare il tutto con le mani. Volendo, si può fare anche con il mixer. Tenere da parte un terzo della frolla per la copertura. Stendere il resto con il mattarello tra due fogli di carta forno, quindi rivestire una tortiera lasciando sotto la carta forno. Amalgamare la ricotta con la Nutella. Se quest'ultima dovesse risultare troppo dura, passarla per 20 secondi al microonde per ammorbidirla. Versare la crema sopra il fondo di frolla, aggiungere le nocciole intere, quindi sbriciolare sulla torta l'impasto tenuto da parte, come se fosse un crumble. Cuocere in forno a 180 °C per 30 minuti. Lasciar raffreddare e servire.

TORTA CROCCANTINA

Questa bella torta di nocciole e cioccolato diventa “croccantina” grazie all’aggiunta dei corn flakes.

INGREDIENTI

per 4 persone:

- 300 g di farina
- 190 g di burro
- 180 g di zucchero
- 60 g di nocciole sgusciate
- 60 g di gocce di cioccolato
- 30 g di fecola di patate
- 5 uova
- 1 bustina di lievito per dolci
- zucchero a velo qb
- sale
- nocciole intere e corn flakes qb per guarnire

Mescolare il burro con lo zucchero, unire al composto un tuorlo alla volta, quindi aggiungere farina, fecola, lievito e sale e continuare a mescolare bene. Montare gli albumi e incorporarli al composto, mescolando dal basso verso l’alto per non farli smontare. Completare con le nocciole tritate finemente e le gocce di cioccolato. Versare l’impasto nella tortiera imburrata e infarinata, oppure rivestita di carta forno. Ricoprire con le nocciole intere e i corn flakes. Infornare a 180 °C per 30 minuti. Servire spolverizzando con zucchero a velo.

PLUMCAKE PASQUALINO

Ho chiamato Pasqualino questo plumcake, perché con il cioccolato avanzato dall'uovo di Pasqua è possibile ottenere una glassa fantastica!

Mescolare le uova con lo zucchero, il burro fuso e lo yogurt. Aggiungere le farine, il lievito, la vanillina, il succo e la scorza grattugiata di limone. Amalgamare bene, poi trasferire il composto in uno stampo da plumcake rivestito di carta forno. Cuocere in forno a 180 °C per 30 minuti. Una volta che il plumcake è pronto, lasciarlo raffreddare. Nel frattempo preparare la glassa facendo sciogliere in un pentolino lo zucchero con l'acqua. Aggiungere quindi il cioccolato a pezzetti, portare a bollore, cuocere per alcuni minuti, poi trasferire il plumcake su una gratella e ricoprirlo con il cioccolato fuso. Raffreddare e servire.

INGREDIENTI

per 4 persone:

- 250 g di yogurt bianco
- 150 g di farina
- 150 g di zucchero
- 60 g di burro
- 60 g di fecola di patate
- 3 uova
- 1 bustina di lievito per dolci
- 1 bustina di vanillina
- succo e scorza grattugiata di 1 limone non trattato

Per la glassa

- 200 g di cioccolato fondente
- 180 g di zucchero
- 100 ml di acqua

la ciambella da infornare

i mirtilli mescolati all'impasto

CIAMBELLONE AI MIRTILLI

Buona buona buona! Questa ciambella è davvero golosa, colorata e perfetta per l'estate.

In una ciotola, sbattere le uova con lo zucchero di canna e la scorza di limone. A parte montare la panna, aggiungendo lo zucchero poco per volta. Incorporare alla panna anche il composto di uova e zucchero, mescolando delicatamente dal basso verso l'alto. Unire la farina e il lievito e amalgamare bene tutti gli ingredienti. Mescolare i mirtilli in una ciotola con un po' di farina e versarli nell'impasto avendo cura di non romperli. Trasferire il composto in uno stampo a ciambella imburrato e infarinato. Cuocere in forno a 180 °C per 45 minuti. Sformare la ciambella, lasciarla raffreddare e preparare la glassa. Frullare i mirtilli. Raccogliere in una ciotola lo zucchero a velo e aggiungervi i mirtilli frullati poco per volta, mescolando con una forchetta fino a ottenere la giusta consistenza. Cospargere il ciambellone con la glassa ottenuta e servire.

INGREDIENTI

per 4 persone:

- 250 g di farina + un po' per infarinare i mirtilli
- 200 g di mirtilli
- 100 g di zucchero
- 80 g di zucchero di canna
- 360 ml di panna fresca
- 3 uova
- scorza di 1 limone non trattato
- 1 bustina di lievito per dolci

Per la glassa
- 100 g di mirtilli
- 70 g di zucchero a velo

TORTA DI PERE E CIOCCOLATO

INGREDIENTI

per 4 persone:

Per la frolla
- 140 g di farina
- 60 g di burro
- 50 g di zucchero a velo
- 1 uovo
- sale

Per il ripieno
- 75 g di zucchero
- 75 g di farina
- 75 g di burro
- 25 g di cacao amaro
- 20 g di mandorle tritate
- 50-100 ml di latte
- 3 pere
- 1 uovo
- 1 cucchiaino di lievito per dolci
- zucchero a velo

Un classico della pasticceria! Pere e cioccolato è a dir poco un duo paradisiaco. Per rendere questa torta davvero eccezionale, fate in modo che l'impasto al cioccolato sia fluido e morbido. Se vi sembra troppo asciutto e difficile da stendere, aggiungete del latte.

Frullare nel mixer la farina con lo zucchero a velo, il burro e un pizzico di sale fino ad avere un composto sabbioso. Unire l'uovo e continuare a frullare in modo da ricavare una palla di impasto. Si può ottenere lo stesso risultato impastando a mano. Stendere la frolla con il mattarello tra due fogli di carta forno, quindi trasferirla in uno stampo per dolci, conservando la sua carta forno. Mescolare l'uovo con lo zucchero, la farina e il burro fuso. Incorporare poi le mandorle tritate, il cacao e il lievito. Aggiungere il latte in quantità sufficiente per ottenere un composto morbido e non troppo asciutto, con cui farcire la base di frolla. Tagliare le pere a fettine e disporle a raggiera sulla torta infilandole in profondità nel ripieno. Più ne mettete, più la vostra torta sarà buona. Cuocere in forno a 180 °C per 30 minuti. Completare con una spolverizzata di zucchero a velo.

CIAMBELLA AGLI AGRUMI DI AMALFI

Questa deliziosa ciambella ha il sapore e il profumo della Costiera Amalfitana! Grazie ad Antonia Maiello, una vera maestra in fatto di torte.

INGREDIENTI

per 6 persone:

- 250 g di zucchero
- 200 g di farina
- 150 g di amido di mais
- 100 g di olio di semi di arachide
- 3 uova
- succo e scorza grattugiata di 2 limoni non trattati
- 1 bustina di lievito per dolci

Per la bagna
- 100 g di succo di limone
- 75 g di zucchero
- 50 ml di acqua

Per la glassa
- 100 g di zucchero a velo
- succo di limone qb

Per guarnire
- cedri canditi qb
- zuccherini qb

In una ciotola sbattere le uova con lo zucchero, quindi incorporare poco per volta l'amido, l'olio di semi, la farina e il lievito. Unire la scorza grattugiata e il succo dei limoni. Si può fare il tutto a mano con la frusta o con lo sbattitore elettrico. Trasferire il composto in uno stampo a ciambella precedentemente imburrato e infarinato. Cuocere in forno ventilato a 175 °C per 45 minuti. Una decina di minuti prima di sfornare, preparare la bagna facendo bollire per qualche minuto l'acqua, lo zucchero e il succo di limone e lasciando che si riduca. Versare la bagna sul dolce appena sfornato. Per la glassa, versare in una ciotolina lo zucchero a velo e aggiungere il succo di limone poco per volta, mescolando fino a ottenere la consistenza di una glassa. Poco meno di mezzo limone basterà, ma bisogna per forza andare a occhio. Cospargere la ciambella con la glassa, quindi guarnirla a piacere con i cedri canditi e gli zuccherini.

CROSTATA AL CIOCCOLATO DI KNAM

INGREDIENTI

per 6 persone:

Per la frolla
- 200 g di farina
- 125 g di burro
- 125 g di zucchero
- 50 g di uova
- 40 g di cacao amaro
- 2 g di sale
- 1 g di lievito per dolci

Per la crema pasticciera
- 60 g di tuorli
- 45 g di zucchero
- 15 g di fecola di patate
- 8 g di farina di riso
- 250 ml di latte intero
- ½ baccello di vaniglia

Per la ganache
- 170 g di cioccolato fondente
- 125 ml di panna fresca

Per la crema pasticciera al cioccolato
- 250 g di crema pasticciera
- 250 g di ganache

Mescolare il burro con lo zucchero e il sale. Unire l'uovo, la farina, il lievito e il cacao. Impastare velocemente il tutto e lasciar riposare in frigo per circa 30 minuti. Volendo, si può preparare la frolla frullando nel mixer zucchero e burro freddo, insieme a farina, cacao, sale e per finire le uova. Per la crema pasticciera, tagliare il baccello di vaniglia a metà per il lungo e raschiarne i semini con la lama del coltello. Unire i semini al latte caldo insieme alla stecca tagliata a pezzi. Mescolare a freddo i tuorli con lo zucchero, unire le farine e stemperare nel latte caldo. Riportare il tutto nuovamente sul fuoco e far addensare, continuando a mescolare bene con la frusta per evitare che si formino grumi. Togliere dalla crema il baccello e i semi di vaniglia. Per la ganache, far bollire la panna, incorporarvi il cioccolato tritato e mescolare a fuoco spento. Una volta che la ganache si è intiepidita, pesarne 250 g e unirla a 250 g di crema pasticciera. Togliere la frolla dal frigo, conservarne un quarto circa per le strisce, quindi stendere l'impasto con il mattarello tra due fogli di carta forno e sistemarlo in una tortiera precedentemente imburrata. Versare la crema sulla base di frolla. Stendere anche l'impasto tenuto da parte, ritagliando delle strisce per decorare la torta. Cuocere in forno a 175 °C per 35 minuti.

Ernst Knam è un grande maestro di pasticceria. Non smetterò mai di ringraziarlo per avermi svelato i segreti della sua crostata al cioccolato. Con questa base si possono creare poi molte varianti. La mia preferita è con zenzero candito nella crema e una spolverizzata di fior di sale in superficie. Create la vostra versione, ma non esagerate. Knam è anche severo!

lo strato di lamponi

la crema in cottura

TORTA AL CIOCCOLATO E LAMPONI

Questa torta piccola e raffinata ha conquistato anche la mia mamma, che di solito non è una grande appassionata di dolci. La torta ha un aspetto scuro e compatto, ma al taglio svela un meraviglioso strato di lamponi. La consistenza dell'impasto è più da cioccolatino che da pane. In una parola: eccezionale!

INGREDIENTI

per 6 persone:

- 200 g di lamponi
- 125 g di burro
- 120 g di cioccolato fondente
- 90 g di farina
- 80 g di zucchero
- 15 g di cacao amaro
- 100 ml di caffè
- 80 ml di acqua
- 1 uovo
- zucchero a velo qb
- panna montata qb
- sale

Sciogliere sul fuoco il burro con il caffè, l'acqua, lo zucchero e il cioccolato fondente ridotto a scaglie. Trasferire il composto in una ciotola, lasciar raffreddare, poi unire anche la farina e il cacao setacciati, mescolando con cura. Aggiungere per ultimo l'uovo e un pizzico di sale. Rivestire con la carta forno uno stampo a cerniera del diametro di 18 cm e riempirlo con metà dell'impasto. Creare uno strato di lamponi, tenendone da parte una manciata, quindi coprire con il resto dell'impasto. Cuocere in forno a 180 °C per 50 minuti. Guarnire la torta con i lamponi tenuti da parte e lo zucchero a velo. Servire le fette con un ciuffo di panna montata come accompagnamento.

CROSTATA ALLE NOCCIOLE

Questa crostata è davvero golosissima. Nocciole, crema di cioccolato e un leggero profumo di arancia la rendono davvero unica.

Fondere il cioccolato in un pentolino con un cucchiaio di acqua a fuoco dolcissimo. Nel frattempo, sbattere le uova con lo zucchero, unire il cioccolato fuso, la panna, la farina di nocciole, la fecola e il cacao. Aromatizzare con la scorza d'arancia. Sistemare la pasta brisée nella tortiera conservando la sua carta forno, bucherellarla con i rebbi di una forchetta, stendere la marmellata sulla base della torta, quindi versare la farcia nel guscio. Cuocere in forno a 175 °C per 30 minuti e poi ancora per 6 minuti in forno statico, con il calore solo sotto. Completare con lo zucchero a velo e le nocciole a pezzetti.

INGREDIENTI

per 8 persone:

- 1 rotolo di pasta brisée
- 200 g di cioccolato fondente tritato
- 80 g di farina di nocciole (in alternativa 80 g di nocciole tritate finemente nel mixer)
- 3 uova
- 240 g di zucchero
- 100 ml di panna fresca
- 30 g di cacao amaro
- 30 g di fecola di patate
- 2 cucchiai di marmellata di arance
- scorza grattugiata di 1 arancia non trattata
- zucchero a velo qb
- nocciole a pezzetti qb

lo strudel farcito

la crema in cottura

STRUDEL DI RICOTTA E CILIEGIE

Provate a fare lo strudel con la pasta fillo! Otterrete un dolce croccante e irresistibile. Se non è stagione di ciliegie, potete usare i fichi secchi o magari i frutti di bosco, che si trovano più facilmente tutto l'anno.

In una pentola preparare la crema mescolando la ricotta con lo zucchero, gli albumi e l'amido di mais. Fare addensare sul fuoco per qualche minuto, quindi mescolare lo zucchero per lo strudel con il pangrattato, la cannella e la vaniglia (incidere il baccello per il lungo e raschiare i semini con la punta di un coltello). Stendere due fogli di pasta fillo uno sull'altro e spennellare ciascuno con il burro fuso. Disporli su una teglia rivestita di carta forno e ricoprire il tutto con metà del mix di zucchero e pangrattato. A parte sovrapporre altri due fogli di pasta fillo, spennellarli con il burro e cospargerli con quel che resta dello zucchero con il pangrattato. Sovrapporli ai precedenti formando così la sfoglia dello strudel. Tagliare le ciliegie a metà, privarle dei noccioli e infarinarle leggermente. Farcire lo strudel con la crema di ricotta e le ciliegie. Richiudere arrotolandolo e sigillando i bordi. Spennellare lo strudel con il burro e completare con un po' di zucchero. Cuocere in forno a 200 °C per 20 minuti.

INGREDIENTI

per 6 persone:

Per lo strudel
- 4 fogli di pasta fillo
- 100 g di burro
- 90 g di zucchero
- 50 g di pangrattato
- 1 cucchiaino di cannella
- 1 baccello di vaniglia

Per la crema
- 400 g di ricotta
- 60 g di zucchero
- 5 cucchiai di amido di mais
- 2 albumi

Per guarnire
- 170 g di ciliegie denocciolate
- farina qb
- zucchero qb
- burro fuso qb

TORTA DI NINA

È difficile fare una torta senza uova che resti però morbida e cremosa. Con questa ricetta ci riuscirete senz'altro. Merito delle banane, che regalano all'impasto una consistenza unica. Grazie alla mia carissima amica Annalisa Benzi, per me Nina, per questa ricetta.

INGREDIENTI

per 6 persone:

- 200 g di fragole
- 200 ml di panna da cucina
- 2 vasetti di farina + un po' per infarinare
- 2 vasetti di zucchero
- 1 vasetto di yogurt alla banana
- 1 vasetto di fecola di patate
- 1 banana matura
- 1 bustina di lievito per dolci
- zucchero a velo qb

In una ciotola mescolare lo yogurt, la panna, lo zucchero, la fecola, la farina e il lievito. Schiacciare la banana con la forchetta in modo da ottenere una purea e unirla al composto. Amalgamare bene, quindi infarinare leggermente le fragole e unirle all'impasto, poi versarlo in una tortiera imburrata e infarinata, oppure rivestita di carta forno. Cuocere in forno a 180 °C per 40 minuti. Completare con una spolverizzata di zucchero a velo.

TTI MUFFIN, DOLCETTI & BISCOTTI MUFFIN, DOLCETTI & BISCOT

ETTI & BISCOTTI MUFFIN, DOLCETTI & BISCOTTI MUFFIN, DOLC

TTI MUFFIN, DOLCETTI & BISCOTTI MUFFIN, DOLCETTI & BISCOT

ETTI & BISCOTTI MUFFIN, DOLCETTI & BISCOTTI MUFFIN, DOLC

TTI MUFFIN, DOLCETTI & BISCOTTI MUFFIN, DOLCETTI & BISCOT

ETTI & BISCOTTI MUFFIN, DOLCETTI & BISCOTTI MUFFIN, DOLC

TTI MUFFIN, DOLCETTI & BISCOTTI MUFFIN, DOLCETTI & BISCOT

ETTI & BISCOTTI MUFFIN, DOLCETTI & BISCOTTI MUFFIN, DOL

TTI MUFFIN, DOLCETTI & BISCOTTI MUFFIN, DOLCETTI & BISCO

ETTI & BISCOTTI MUFFIN, DOLCETTI & BISCOTTI MUFFIN, DOL

TTI MUFFIN, DOLCETTI & BISCOTTI MUFFIN, DOLCETTI & BISCO

ETTI & BISCOTTI MUFFIN, DOLCETTI & BISCOTTI MUFFIN, DOL

TTI MUFFIN, DOLCETTI & BISCOTTI MUFFIN, DOLCETTI & BISCO

ETTI & BISCOTTI MUFFIN, DOLCETTI & BISCOTTI MUFFIN, DOL

TTI MUFFIN, DOLCETTI & BISCOTTI MUFFIN, DOLCETTI & BISCO

ETTI & BISCOTTI MUFFIN, DOLCETTI & BISCOTTI MUFFIN, DOL

TTI MUFFIN, DOLCETTI & BISCOTTI MUFFIN, DOLCETTI & BISCO

ETTI & BISCOTTI MUFFIN, DOLCETTI & BISCOTTI MUFFIN, DO

TTI MUFFIN, DOLCETTI & BISCOTTI MUFFIN, DOLCETTI & BISCO

ETTI & BISCOTTI MUFFIN, DOLCETTI & BISCOTTI MUFFIN, DO

TTI MUFFIN, DOLCETTI & BISCOTTI MUFFIN, DOLCETTI & BISCO

ETTI & BISCOTTI MUFFIN, DOLCETTI & BISCOTTI MUFFIN, DO

MUFFIN, DOLCETTI

& BISCOTTI

Il risveglio è più dolce se ad aspettarmi in cucina c'è un dolcetto sfizioso fatto in casa!

le uova, il latte e lo zucchero

il pane imbevuto...

... e poi fritto

PAIN PERDU AL COCCO

Il pain perdu è una ricetta francese che ricorda il French toast. È una merenda nata dall'esigenza di riciclare il pane secco, ma è talmente buona che qualche pasticciere l'ha innalzata al rango di dessert.

INGREDIENTI

per 4 persone:

- 1 baguette rafferma
- 30 g di cocco rapè
- 20 g di burro
- 200 ml di latte
- 3 cucchiai di zucchero + un po' per caramellare
- 2 uova

In una ciotola mescolare le uova con il latte e lo zucchero. Sciogliere il burro in padella, tagliare il pane a fette spesse e ripassarle nel composto di uova e latte. Rosolare le fette di pane in padella con il burro, dorandole su entrambi i lati. Aggiungere un po' di zucchero, quindi far caramellare di nuovo le fette di pane su entrambi i lati. A parte, tostare il cocco rapè in padella senza condimento. Mettere il pain perdu su un piatto da portata e spolverizzarlo con il cocco tostato.

ANANAS GRIGLIATO E SMOOTHIE ALLA BANANA

INGREDIENTI

per 4 persone:

- 1 ananas
- 4 cucchiaini di miele
- zucchero di canna qb
- cannella qb
- menta qb

Per lo smoothie
- 4 banane ghiacciate a pezzi
- 4 cucchiai di zucchero
- 2 bicchieri di latte

Tagliare l'ananas a fette e cospargerle di zucchero su entrambi i lati, quindi cuocerle su una griglia o su una bistecchiera ben calda. Quando saranno ben grigliate, insaporirle con un po' di miele. Trasferire quindi l'ananas su un piatto da portata e condirlo con altro miele, qualche fogliolina di menta e un pizzico di cannella. Per lo smoothie, frullare la banana ancora surgelata con il latte e lo zucchero. Se si ha tempo, si può toglierla dal freezer qualche minuto prima di frullarla, per evitare che sia troppo dura. Se invece il frullato dovesse risultare troppo denso, aggiungere un po' di acqua. Servire ben freddo direttamente nei bicchieri.

È possibile godersi un dessert delizioso senza ingrassare. Con questi spicchi di ananas caramellati non avrete sensi di colpa. L'idea di congelare le banane a fette per fare lo smoothie mi arriva da Miguel Casas. È un'ottima trovata quando avete qualche banana troppo matura. Invece di mangiarla per forza, potete surgelarla e conservarla per farne un dolcissimo smoothie.

ROTOLINI DOLCI

Briochine preparate senza lievito, tipiche della tradizione ebraica. Molto buone e delicate. Provate a farcirle anche con ripieno salato e sentirete che bontà!

Mescolare nel mixer o a mano il burro morbido con il formaggio spalmabile e la farina. Stendere l'impasto con il mattarello tra due fogli di carta forno in modo da formare un disco. Tritare la frutta secca, quindi farcire il disco prima con la marmellata di albicocche, poi con la frutta secca. Ritagliare dei triangoli e arrotolarli dalla base verso l'apice, come a formare dei croissant, lasciando la punta all'esterno. In una ciotolina mescolare il tuorlo d'uovo con l'acqua, lo zucchero e la cannella. Spennellare i piccoli croissant con questa glassa. Cuocere in forno a 180 °C per 20 minuti.

INGREDIENTI

per 6 persone:

- 160 g di marmellata di albicocche
- 95 g di farina
- 80 g di frutta secca mista
- 65 g di formaggio spalmabile
- 60 g di burro
- 1 tuorlo
- 1 cucchiaio di zucchero
- 1 cucchiaio di cannella
- 1 cucchiaino di acqua

BROWNIES A SORPRESA

Con o senza sorpresa, l'impasto di questi brownies è veramente buono. A merenda o a colazione vi faranno sicuramente fare un figurone.

INGREDIENTI

per 8 persone:

- 200 g di cioccolato fondente
- 160 g di zucchero a velo
- 120 g di burro salato
- 100 g di nocciole sgusciate
- 70 g di farina
- 9 biscotti al cacao farciti
- 3 uova
- 1 cucchiaino di lievito per dolci

In un pentolino fondere il cioccolato con il burro a fuoco dolce. Versare il composto in una ciotola, far raffreddare leggermente, quindi unire le uova, lo zucchero a velo, la farina e il lievito setacciati. Tritare le nocciole e aggiungerle all'impasto. Rovesciare un terzo del composto in una teglia quadrata precedentemente imburrata e infarinata, o rivestita di carta forno. Sistemare i biscotti e ricoprirli con il resto dell'impasto. Cuocere in forno a 180 °C per 20 minuti. Servire i brownies tagliati a quadrotti, in modo che dentro a ognuno ci sia una sorpresa a base di biscotto.

BARRETTE COCCO E CIOCCOLATO

INGREDIENTI

per 4 persone:

- 330 g di biscotti secchi
- 150 g di burro

Per la copertura
- 100 g di noci sgusciate
- 130 g di gocce di cioccolato
- 400 g di latte condensato zuccherato
- 100 g di cocco rapè

La prima volta che ho fatto queste barrette, non ero affatto convinta. Mi sembravano troppo molli e delicate, e il gusto non mi convinceva fino in fondo. Le ho lasciate riposare per tutta la notte, e quando il giorno dopo le ho riassaggiate, si sono trasformate in un capolavoro. Dunque preparatele e abbiate un po' di pazienza prima di gustarle. Ne varrà la pena, datemi retta.

Frullare nel mixer i biscotti con il burro sciolto. Trasferire il composto in una teglia quadrata rivestita di carta forno e schiacciare bene, come se doveste preparare la base di una cheesecake. Ricoprire con le noci tritate, le gocce di cioccolato, il latte condensato e infine il cocco rapè. Cuocere in forno a 180 °C per 15-20 minuti. Lasciar raffreddare, tagliare ricavando delle barrette e aspettare che sia perfettamente solidificato prima di assaggiare.

gli ingredienti nel mixer

le palline di impasto

BISCOTTI GIGANTI AL CIOCCOLATO

Questi biscotti giganti sono talmente buoni che non sembrano mai abbastanza grandi!

INGREDIENTI

per 6 persone:

- 175 g di farina
- 150 g di burro
- 150 g di gocce di cioccolato
- 130 g di zucchero di canna
- 2 uova
- 1 fialetta di aroma di vaniglia
- ½ cucchiaino di lievito per dolci
- sale

Frullare nel mixer la farina con lo zucchero, il burro, il lievito e un pizzico di sale, fino a ottenere una consistenza sabbiosa. Aggiungere l'aroma di vaniglia, le uova, le gocce di cioccolato e continuare a frullare in modo da preparare l'impasto dei biscotti. Senza usare il mixer, si può impastare in una ciotola con un cucchiaio. Con l'aiuto del porzionatore per il gelato (o semplicemente con un cucchiaio) distribuire dei mucchietti di impasto ben distanziati tra loro su una teglia rivestita di carta forno. Cuocere in forno a 180 °C per 10-15 minuti.

il secondo strato di cioccolato

la teglia pronta per il frigorifero

RISO SOFFIATO AL CIOCCOLATO

Provate a preparare in casa le barrette di riso soffiato: non solo ne trarrete una grandissima soddisfazione, ma saprete anche con che cosa sono fatte!

INGREDIENTI

per 8 persone:

- 250 g di cioccolato al latte
- 200 g di cioccolato bianco
- 60 g di riso soffiato

Fondere separatamente il cioccolato al latte e il cioccolato bianco a bagnomaria, oppure a fuoco dolcissimo con un goccio di acqua. Mescolare il cioccolato bianco fuso con il riso soffiato, trasferirlo in una teglia quadrata (o rettangolare) rivestita di carta forno. Livellarlo bene ricoprendolo con un foglio di carta forno e schiacciando con le mani. Lasciarlo a riposo in frigorifero, in modo che si indurisca. Toglierlo quindi dal frigo, sformarlo e nella stessa teglia rivestita con altra carta forno versare metà del cioccolato al latte. Appoggiare la tavoletta di riso soffiato sopra al cioccolato al latte ancora morbido, per poi ricoprirla con l'altra metà del cioccolato al latte. In questo modo, la tavoletta di riso soffiato si troverà tra due strati di cioccolato al latte. Far raffreddare come si deve, prima di servire tagliato a quadrotti.

CESTINI DI PASTA FILLO

Invece della solita macedonia, presentate la frutta dentro queste semplicissime coppette fatte di pasta fillo. L'effetto sarà sicuramente molto più scenografico!

INGREDIENTI

per 6 persone:

- 3 fogli di pasta fillo
- 200 g di yogurt greco
- 2-3 cucchiai di miele
- frutta fresca a piacere
- burro fuso qb
- zucchero a velo qb

Stendere un foglio di pasta fillo, tenendo gli altri ben chiusi nella confezione, o si seccheranno in un attimo. Spennellare il foglio con il burro, poi tagliarlo ricavando 6 quadrati di circa 14 cm di lato. Cominciare a sovrapporre i quadrati a tre a tre, sfalsandoli leggermente, quindi metterli in uno stampo da muffin. Ripetere l'operazione srotolando gli altri fogli e creando altri cestini. Infornare i cestini di pasta a 180 °C per 5 minuti. Nel frattempo preparare la farcia mescolando lo yogurt greco con il miele. Assaggiare per regolare il grado di dolcezza. Togliere i cestini dal forno, farli raffreddare, estrarli delicatamente dalle formine e farcirli con la crema di yogurt e la frutta fresca tagliata a pezzetti. Completare con una spolverizzata di zucchero a velo.

MILLEFOGLIE DOLCE DI PANE CARASAU

L'idea di caramellare il pane carasau con lo zucchero a velo è di Lorenzo Boni. Attenzione però ai tempi: basta un secondo di troppo per carbonizzare il vostro dessert!

INGREDIENTI

per 8 persone:

- 300 g di formaggio cremoso
- 50 g di nocciole sgusciate
- 2-3 cucchiai di zucchero
- 1 cestino di frutti di bosco
- 1 cucchiaio di marmellata di lamponi
- pane carasau qb
- zucchero a velo qb

Frullare il formaggio con i frutti di bosco, la marmellata e lo zucchero. Disporre il pane carasau in una teglia con carta forno, cospargerlo di zucchero a velo e ripassarlo al grill per pochi minuti. Tostare le nocciole in una padella ben calda, quindi tritarle grossolanamente. Comporre la millefoglie alternando strati di pane carasau a strati di crema al formaggio. Servire accompagnandola con la crema, guarnita con le nocciole tritate.

la crema al formaggio...

... rimescolata

BROWNIES CHEESECAKE

Meglio i brownies o la cheesecake? Provate questa ricetta e non dovrete più affrontare il dilemma della scelta.

INGREDIENTI

per 6 persone:

Per la base
- 200 g di cioccolato fondente
- 200 g di zucchero
- 130 g di burro
- 80 g di farina
- 3 uova

Per la crema
- 250 g di ricotta
- 1 uovo
- 1 cucchiaio di zucchero
- 1 cucchiaio di farina
- 1 bustina di vanillina

In un pentolino, fondere il cioccolato con il burro, poi trasferire il tutto in una ciotola. Incorporarvi lo zucchero, le uova, la farina e mescolare bene. In una ciotola a parte, preparare la crema al formaggio amalgamando la ricotta con l'uovo, lo zucchero, la farina e la vanillina. Trasferire il composto al cioccolato in una teglia quadrata rivestita di carta forno. Versarci sopra la crema al formaggio e mescolarla delicatamente con una forchetta in modo da mischiarla alla base di cioccolato. Cuocere in forno statico a 180 °C per 35-40 minuti.

le striscioline da farcire

le mele affettate...

... e avvolte nella sfoglia

FIOR DI MELE

Un'idea semplice ma scenografica. Il connubio tra pasta sfoglia e mele è sempre delizioso. Presentato così, è addirittura strepitoso. Aggiungete una pallina di gelato e avrete uno splendido dessert.

INGREDIENTI

per 6 persone:

- 1 rotolo di pasta sfoglia rettangolare
- 2 mele
- 2 cucchiai di zucchero
- burro qb
- zucchero a velo qb

Sbucciare le mele, dividerle in 4 spicchi e tagliarli a fettine per il lungo. Ripassarle in padella con il burro e lo zucchero, caramellandole leggermente e avendo cura di non romperle. Ritagliare delle strisce di pasta sfoglia larghe circa tre dita, partendo dal lato più corto. Disporre le fette di mela leggermente accavallate sul bordo della striscia di pasta, quindi arrotolare formando delle rose di sfoglia ripiena. Trasferirle negli stampi da muffin imburrati, completare con una spolverizzata di zucchero a velo, quindi cuocere in forno ventilato a 180 °C per 15-20 minuti.

CRUMIRI

I crumiri sono i biscottini preferiti di Eleonora. Per questo mi diverto a prepararli con lei insegnandole a usare la siringa da pasticciere. Non vi dico quanti pasticci! Ma in fondo è proprio questo il bello.

In una ciotola mescolare le farine con lo zucchero e il burro fuso. Unire la vanillina, un pizzico di sale e il lievito. Aggiungere i tuorli e le gocce di cioccolato, quindi impastare velocemente il tutto. Trasferire il composto nella siringa da pasticciere con il becco zigrinato (mi raccomando: dev'essere abbastanza grande per lasciar passare le gocce di cioccolato) e formare delle strisce leggermente ricurve, come delle C appena accennate. Cuocere i crumiri a 180 °C per 15 minuti e lasciarli raffreddare prima di toglierli dalla teglia.

INGREDIENTI

per 8 persone:

- 140 g di farina fioretto di mais
- 140 g di burro
- 100 g di farina
- 90 g di zucchero
- 50 g di gocce di cioccolato
- 2 tuorli
- 1 bustina di vanillina
- ½ cucchiaino di lievito per dolci
- sale

DELIZIE RIPIENE

Questi delicati dischi di biscotti, ripieni di crema al cioccolato, mi ricordano tanto la mia infanzia. Quand'ero piccola vendevano le delizie in pasticceria, avvolte nella carta trasparente. Poterne avere una per merenda era una vera festa!

INGREDIENTI

per 4 persone:

- 90 g di zucchero
- 60 g di burro
- 60 g di farina
- 1 uovo
- sale

Per la crema
- 120 g di mascarpone
- 120 g di Nutella

Mescolare lo zucchero con l'uovo e il burro fuso. Incorporare quindi la farina e un pizzico di sale. Aiutandosi con un cucchiaio, stendere dei dischi di impasto su una teglia rivestita di carta forno, poi cuocere a 180 °C per circa 5 minuti. Per il ripieno dei biscotti, mescolare il mascarpone e la Nutella. Se è troppo dura, scaldarla nel microonde per ammorbidirla. Farcire le delizie a due a due con la crema ottenuta, come se fossero dei sandwich.

ROTOLO DOLCE DI PIADINA CON SMOOTHIE

INGREDIENTI

per 2 persone:

- 1 piadina
- 100 g di robiola
- 3 cucchiai di Nutella
- 2 cucchiai di arachidi salate

Per lo smoothie

- 200 ml di latte
- 2 cucchiai di Nutella
- ghiaccio qb
- panna montata qb

Con la piadina si può fare di tutto, persino un dolce! Abbinata poi a uno smoothie, cioè a una bevanda fredda frullata, la merenda sarà irresistibile.

Scaldare la piadina in padella, poi farcirla con la robiola e la crema alle nocciole. Tritare le arachidi e distribuirle sulla piadina, quindi arrotolare e servire la piadina intera o tagliata a tranci. Per lo smoothie, frullare il latte con un po' di ghiaccio e la Nutella, fino a ottenere un frullato cremoso e vellutato. Versare lo smoothie nei bicchieri e completare con la panna montata.

Eleonora e Diego

FACCINE DI CIOCCOLATO

Che divertente fare questi biscotti con Diego ed Eleonora. Un vero spasso! Mi raccomando di far riposare l'impasto, per riuscire a stenderlo meglio.

INGREDIENTI

per 6 persone:

- 200 g di farina
- 100 g di zucchero
- 90 g di burro
- 50 g di cioccolato fondente
- 1 uovo
- sale

Per la glassa

- 50 g di zucchero a velo
- 1 cucchiaino circa di succo di limone

Fondere il cioccolato in un padellino con un goccio di acqua. In una ciotola a parte, mescolare il burro sciolto con lo zucchero e l'uovo. Unire il cioccolato fuso, quindi incorporare la farina e un pizzico di sale. Amalgamare con cura tutti gli ingredienti. Stendere l'impasto con il mattarello tra due fogli di carta forno e lasciarlo riposare in freezer almeno per mezzora, o risulterà troppo morbido. Quando l'impasto sarà indurito, ritagliare i biscotti con il coppapasta rotondo o con il bordo di un bicchiere. Disporre quindi i dischi di pasta in una teglia rivestita di carta forno e cuocerli in forno ventilato a 180 °C per circa 15 minuti. Far raffreddare. Nel frattempo preparare la glassa mescolando lo zucchero a velo con qualche goccia di limone, mescolando ed eventualmente aggiungendo altro limone, fino a ottenere la consistenza desiderata. Trasferire la glassa in una siringa da pasticciere e decorare a piacere i biscotti, creando gli occhi, il naso, la bocca... In alternativa, è possibile usare semplicemente uno stecchino intinto nella glassa come un pennino nell'inchiostro.

PANCAKE ALLE FRAGOLE

Mescolare l'uovo con lo zucchero, quindi aggiungere la farina, il lievito e la vanillina. Unire anche il latte, il burro fuso e mescolare per ottenere una densa pastella. Aggiungere le fragole a pezzettini. Ungere una padellina di burro e, quando è ben calda, versarvi un mestolo di pastella. Inclinare la padella per distribuire uniformemente la pastella e cuocere finché il pancake non si sarà ben rappreso. Girare e cuocere anche sull'altro lato. Continuare così fino a esaurire la pastella. Tagliare la banana a rondelle e caramellarla in padella con un po' di zucchero. Fiammeggiare, cioè sfumare con il rum inclinando la padella in modo che l'alcol prenda fuoco. Aspettare che la fiamma si spenga, quindi togliere dal fuoco. Preparare la salsa al cioccolato fondendolo con del latte. Servire i pancake con il cioccolato fuso e le banane caramellate come accompagnamento.

INGREDIENTI

per 4 persone:

- 200 g di fragole
- 120 g di farina
- 20 g di burro + una noce per ungere la padella
- 200 ml di latte
- 2 cucchiai di zucchero
- 1 uovo
- 1 cucchiaino di lievito per dolci
- 1 bustina di vanillina

Per guarnire
- 1 banana
- zucchero qb
- rum qb
- cioccolato fondente qb
- latte qb

Quando organizzo un pigiama party per le mie figlie, il mattino devo sempre preparare i pancake. Per alcune loro amichette questo tipo di colazione è una grande e divertentissima novità. Con questa ricetta, però, sono riuscita a stupire proprio tutti, anche chi i pancake li mangia abitualmente. Infatti le fragole sono proprio nell'impasto, lasciando i dolcetti spessi e soffici.

l'impasto pronto

i biscotti da cuocere

CHICCHI DI CAFFÈ

Piccoli biscottini perfetti da sgranocchiare con il caffè.

INGREDIENTI

per 6 persone:

- 200 g di farina
- 125 g di burro
- 100 g di zucchero di canna
- 100 g di cioccolato fondente
- 50 g di fecola di patate
- ½ tazzina di caffè espresso
- sale

Con una frusta, sbattere il burro con lo zucchero, quindi aggiungere il caffè e le farine. Unire un pizzico di sale e il cioccolato a scaglie. Ricavare delle palline di pasta, sistemarle su una teglia rivestita di carta forno, inciderle leggermente al centro con il coltello per dar loro la forma di un chicco di caffè. Cuocere in forno a 180 °C per 10-15 minuti.

l'impasto mescolato...

... e versato nelle formine

la glassa per decorare

MUFFIN DI YOGURT E CIOCCOLATO

Questi muffin sono un classico. Sono semplici da preparare, non si sgonfiano e non risultano secchi. Parola di mio figlio Dieghino, che in questo campo è davvero esigente!

INGREDIENTI

per 8 persone:

- 250 g di farina
- 250 g di yogurt bianco magro
- 120 g di zucchero
- 70 g di burro
- 70 g di gocce di cioccolato
- 80 ml di latte
- 2 uova
- 1 bustina di lievito per dolci
- 1 bustina di vanillina
- sale

Per la glassa
- 100 g di formaggio spalmabile
- 3 cucchiai di zucchero a velo

Per guarnire
- codette colorate qb

In una ciotola mescolare lo zucchero con lo yogurt e le uova. Sciogliere il burro in un pentolino e unirlo all'impasto con la vanillina. Incorporare anche la farina con il lievito e un pizzico di sale. Aggiungere infine il latte e le gocce di cioccolato. Trasferire l'impasto negli stampini da muffin foderati con i pirottini di carta e riempirli per tre quarti. Cuocere in forno a 170 °C per 20 minuti. Nel frattempo preparare la glassa mescolando il formaggio spalmabile con lo zucchero a velo. Quando i muffin sono cotti, cospargerli con qualche cucchiaiata di glassa e le codette colorate.

INGREDIENTI

per 24 biscotti:

- 180 g di farina
- 140 g di zucchero di canna + altro per la finitura
- 120 g di burro (possibilmente francese)
- 110 g di cioccolato fondente
- 40 g di zucchero
- 25 g di cacao amaro
- 1 cucchiaino di bicarbonato di sodio
- 1 cucchiaino di fior di sale
- aroma di vaniglia qb

SABLÉ AL CIOCCOLATO

Questi sablé al cioccolato sono i biscotti più buoni che io abbia mai mangiato! Occhio a quando li tagliate, perché sono un po' delicati. La ricetta è di Ernst Knam.

Mescolare i due tipi di zucchero, aggiungere il burro morbido e amalgamare bene. Tritare il cioccolato, aggiungerlo al composto, mescolare e unire anche il cacao amaro, impastando con le mani. Aggiungere ancora la farina, il bicarbonato, la vaniglia e il sale, e continuare a lavorare l'impasto fino a ottenere un panetto dalla consistenza plastica. Formare dei rotolini larghi più o meno come il manico di una scopa. Passarli nello zucchero di canna per rivestirli bene, come se doveste impanarli. Lasciarli a riposo in frigo avvolti nella pellicola per 1-2 ore. Tagliare i rotolini a fette spesse circa 1 cm. Disporre le fette sulla teglia e infornare i biscottini a 170 °C per 15-18 minuti.

PASTEIS DE NATA

Deliziosi cestini di pasta sfoglia ripieni di crema. Un dolcino sfiziosissimo, tipico del Portogallo.

INGREDIENTI

per 8 persone:

- 2 rotoli di pasta sfoglia
- 50 g di zucchero
- 250 ml di panna fresca
- 4 tuorli
- 1 cucchiaio di farina
- 1 bustina di vanillina
- ½ bicchiere di latte
- zucchero a velo qb

Mescolare i tuorli con lo zucchero e la farina direttamente in un tegame. Aggiungere la vanillina, la panna e il latte. Mescolare bene e far addensare la crema sul fuoco continuando a mescolare. Lasciar intiepidire. Srotolare la pasta sfoglia, tagliare dei dischi con il bordo di un bicchiere e trasferirli negli stampi da muffin precedentemente imburrati. Farcire i dolcetti con la crema, quindi ripiegare i bordi leggermente verso l'interno. Cuocere in forno a 220 °C per 10-15 minuti, spolverare di zucchero a velo e servire.

le strisce di sfoglia...

... avvolte sulle
fette di ananas

MEZZELUNE DI ANANAS

Due buoni motivi per amare questo dessert: nasce da un'idea davvero originale ed è molto light.

INGREDIENTI

per 6 persone:

- 1 rotolo di pasta sfoglia
- 200 g di zucchero (1 cucchiaio ogni mezza fetta di ananas)
- 150 g di yogurt bianco
- 6 fette di ananas
- 3 cucchiai di mascarpone
- 3 cucchiai di zucchero a velo

Srotolare la pasta sfoglia e ritagliare delle strisce della larghezza di circa 4 mm. Tagliare le fette di ananas in due, come se fossero due grosse C, quindi avvolgere ognuna con le strisce di pasta sfoglia. Ci vorranno due strisce per ogni fetta. Trasferirle su una teglia foderata di carta forno, spolverizzare con lo zucchero e cuocere in forno a 200 °C per circa 10 minuti. Preparare la crema mescolando il mascarpone con lo yogurt e lo zucchero a velo. Servire le mezzelune di ananas accompagnandole con la crema al mascarpone.

i muffin senza "testa"...

... ma con le "ali"

MUFFIN VOLANTI

Con questi muffin volanti come angioletti, farete impazzire tutti i bambini. E scoprirete che per movimentare un semplice dolcetto non bisogna per forza essere degli artisti del cake design.

INGREDIENTI

per 11 muffin:

- 190 g di farina
- 175 g di zucchero
- 80 g di burro
- 150 ml di latte
- 1-2 cucchiaini di lievito per dolci
- 1 uovo
- 1 bustina di vanillina
- 1 pizzico di sale

Per la crema
- 125 g di zucchero
- 45 g di amido di mais (o farina)
- 500 ml di latte
- 250 ml di panna vegetale
- 3 tuorli
- 1 bustina di vanillina
- 1 cucchiaino di colorante in gel qb

In una ciotola mescolare il burro sciolto con lo zucchero. Aggiungere l'uovo e incorporare al composto la vanillina e il resto degli ingredienti, amalgamando bene. Una volta ottenuto un composto omogeneo, riempire per tre quarti gli stampi da muffin foderati con i pirottini di carta, oppure imburrati e infarinati. Cuocere in forno a 180 °C per 20 minuti. Per la crema, sbattere i tuorli con lo zucchero direttamente in un pentolino. Aggiungere l'amido di mais e continuare a mescolare unendo il latte tiepido e la vanillina. Lasciar cuocere a fuoco dolce e mescolare finché la crema non si sarà addensata, poi spegnere e far raffreddare ricoprendo con la pellicola. Montare la panna vegetale ben fredda e unire il colorante. Incorporare alla panna la crema raffreddata per ottenere la crema Chantilly. Tagliare la calotta superiore dei muffin, dividendola in due. Farcire i muffin con la crema scavando eventualmente un po' per farcirli meglio. Decorarli appoggiandovi le metà rovesciate della calotta tagliata, come se fossero delle ali.

TRITTICO DI BRIOCHE

Per una colazione davvero irresistibile, bastano tre rotoli di pasta sfoglia e pochissimo tempo. Il risultato? Un vassoio colmo di danesi, pain au chocolat e croissant.

Danesi

Tagliare la sfoglia in 6 quadrati. Mescolare la farina di mandorle con lo zucchero, il tuorlo e il latte e farcirli. Chiudere ripiegando gli angoli verso il centro. Infornare a 180 °C per 10-15 minuti.

Pain au chocolat

Tagliare la sfoglia in 6 quadrati. Farcirli con gocce di cioccolato, spennellare i bordi con l'albume, arrotolarli formando dei saccottini. Spennellarli ancora. Infornare a 180 °C per 10-15 minuti.

Croissant

Tagliare la pasta sfoglia in 8 o 12 spicchi. Disporre al centro un cucchiaino di marmellata. Arrotolarli dalla base verso l'apice, dare una forma arcuata, infornare a 180 °C per 10-15 minuti.

INGREDIENTI

per 6 persone:

Per i danesi
- 1 rotolo di pasta sfoglia rettangolare
- 70 g di farina di mandorle
- 30 g di zucchero
- 1 tuorlo
- 1 tazzina di latte

Per i pain au chocolat
- 1 rotolo di pasta sfoglia rettangolare
- 120 g di gocce di cioccolato (1 cucchiaio per ogni brioche)
- 1 albume

Per i croissant
- 1 rotolo di pasta sfoglia rotonda
- 150 g di marmellata (1 cucchiaino per ogni croissant)

la sfoglia spalmata con la Nutella...

... poi richiusa...

... e infine arrotolata

SFOGLIATINE ALLA NUTELLA

Srotolare la sfoglia e cospargerla di zucchero. Assottigliarla bene con il mattarello. Scaldare la Nutella nel microonde per qualche secondo per ammorbidirla e renderla più facile da spalmare, quindi stenderla su metà sfoglia. Sovrapporre l'altra metà in modo da richiudere la pasta. Ritagliare poi delle strisce larghe circa 2 cm e attorcigliarle a elica. Trasferire le sfogliatine in una teglia rivestita di carta forno e cuocerle in forno a 170 °C per 10 minuti. Volendo rendere le sfogliatine ancora più sfiziose, si può aggiungere alla Nutella una manciata di nocciole tritate.

INGREDIENTI

per 4 persone:

- 1 rotolo di pasta sfoglia
- 175 g di Nutella
- 40 g di zucchero
- nocciole tritate qb (facoltative)

Nel presentarvi questa ricetta vi stupirò, perché con una pasta sfoglia e un po' di Nutella si può inventare qualcosa di davvero notevole!

UCCHIAIO DOLCI AL CUCCHIAIO DOLCI AL CUCCHIA
OLCI AL CUCCHIAIO DOLCI AL CUCCHIAIO DOL
UCCHIAIO DOLCI AL CUCCHIAIO DOLCI AL CUCCHIA
OLCI AL CUCCHIAIO DOLCI AL CUCCHIAIO DOL
UCCHIAIO DOLCI AL CUCCHIAIO DOLCI AL CUCCHIA
OLCI AL CUCCHIAIO DOLCI AL CUCCHIAIO DOL
UCCHIAIO DOLCI AL CUCCHIAIO DOLCI AL CUCCHIA
OLCI AL CUCCHIAIO DOLCI AL CUCCHIAIO DOL
UCCHIAIO DOLCI AL CUCCHIAIO DOLCI AL CUCCHIA
OLCI AL CUCCHIAIO DOLCI AL CUCCHIAIO DOL
UCCHIAIO DOLCI AL CUCCHIAIO DOLCI AL CUCCHIA
OLCI AL CUCCHIAIO DOLCI AL CUCCHIAIO DOL
UCCHIAIO DOLCI AL CUCCHIAIO DOLCI AL CUCCHIA
OLCI AL CUCCHIAIO DOLCI AL CUCCHIAIO DOL
UCCHIAIO DOLCI AL CUCCHIAIO DOLCI AL CUCCHIA
OLCI AL CUCCHIAIO DOLCI AL CUCCHIAIO DOL
UCCHIAIO DOLCI AL CUCCHIAIO DOLCI AL CUCCHI
OLCI AL CUCCHIAIO DOLCI AL CUCCHIAIO DOL
UCCHIAIO DOLCI AL CUCCHIAIO DOLCI AL CUCCHI
OLCI AL CUCCHIAIO DOLCI AL CUCCHIAIO DOL
UCCHIAIO DOLCI AL CUCCHIAIO DOLCI AL CUCCHI
OLCI AL CUCCHIAIO DOLCI AL CUCCHIAIO DOL

DOLCI
AL CUCCHIAIO

I dolci al cucchiaio sono i dessert ideali da servire a fine cena.

GELATO AL FORNO

Ho mangiato questo delizioso dolce al *Da Tunon* a Oviglio, in provincia di Alessandria. L'idea è semplice ma furbissima. Basta mettere il gelato nelle cocotte, preparare una bella meringa con cui ricoprirle, quindi gratinare per 2 minuti in forno. L'effetto caldo-freddo e la golosità della meringa rendono questo dessert davvero unico e spettacolare.

INGREDIENTI

per 6 persone:

- 600 g di gelato alla crema
- 8 cucchiai di zucchero
- 4 albumi
- ½ cucchiaino di lievito (o bicarbonato di sodio)

Riempire di gelato le coppette e metterle nel freezer. Nel frattempo preparare la meringa: montare gli albumi a neve incorporando lo zucchero e il lievito poco per volta. Tirare fuori dal freezer le coppette di gelato, ricoprirle con la meringa e passarle al grill per pochi minuti. Servire immediatamente.

TAZZINE DI CAFFÈ

Stupite i vostri ospiti! Al posto del caffè, servite nella tazzina questa mousse velocissima che non ha nemmeno bisogno di riposare per rassodarsi.

INGREDIENTI

per 4 persone:

- 125 g di mascarpone
- 130 ml di panna vegetale
- 3 cucchiai di zucchero
- 2 cucchiai di caffè espresso
- biscotti al cioccolato qb

Mescolare il mascarpone con il caffè e lo zucchero, quindi incorporarvi la panna montata in una ciotola a parte. Trasferire la crema nelle tazzine da caffè e sbriciolare i biscotti al cioccolato direttamente in ogni tazzina, come se si trattasse di un crumble.

TORTA DI MARANA

Sbattere i tuorli con lo zucchero. Aggiungere la ricotta, un cucchiaio di marmellata e uno di fecola e mescolare bene fino a ottenere un composto omogeneo. Montare gli albumi a neve e incorporarli delicatamente alla crema di ricotta mescolando dal basso verso l'alto. Versare il composto in una tortiera a cerniera rivestita da un disco di carta forno sulla base e imburrata e infarinata sui lati. Cuocere in forno a 170 °C per 45-50 minuti. La torta dovrà gonfiarsi per bene in cottura, poi, una volta sfornata, scenderà completamente proprio come un soufflé. Niente paura: deve andare così. Prima di servire, spalmare sulla superficie della torta altra marmellata di arance.

INGREDIENTI

per 8 persone:

- 600 g di ricotta
- 150 g di zucchero
- 4 uova
- 1 cucchiaio di fecola di patate
- 1 cucchiaio di marmellata di arance
- marmellata di arance qb

Punta Marana, in Sardegna, è la località in cui da tanti anni trascorro le mie vacanze in agosto. C'è un ristorante che propone questo meraviglioso soufflé alla ricotta e marmellata di arance che per noi è diventato un must. Quando ci si siede al tavolo, prima ancora di guardare il menù, si chiede al cameriere di tenere da parte una certa quantità di torta per essere sicuri di non rimanere senza a fine pasto. Pur non essendo riuscita ad avere dalla proprietaria la ricetta segreta, ho creato una versione che non ha nulla da invidiare all'originale!

LEMON MERINGUE PIE

Questa torta è diventata un must delle mie cene. Fabio, che di solito non ama i dolci, ne va pazzo. La cosa meravigliosa, oltre alla sua incredibile bontà, è la velocità di esecuzione. Al posto della crema pasticciera, io uso il latte condensato. Poi, un quarto d'ora di forno, ed è pronta! Grazie alla mia bellissima nipotina sudafricana, Angelica Panieri.

INGREDIENTI

per 8 persone:

Per la base
- 400 g di biscotti secchi
- 250 g di burro fuso

Per la crema
- 450 ml di latte condensato zuccherato
- 4 tuorli
- succo di 2 limoni

Per la meringa
- 8 cucchiai di zucchero
- 4 albumi
- 1 cucchiaino di lievito per dolci

Frullare i biscotti e unirli al burro fuso. Preparare la crema mescolando il latte condensato con i tuorli e il succo di limone. Montare gli albumi a neve aggiungendo il lievito e lo zucchero poco alla volta. Continuare a montare, fino a ottenere un composto per meringa lucido e sodo. Disporre i biscotti sul fondo di una tortiera a cerniera rivestita di carta forno. Schiacciarli bene in modo da ottenere un guscio compatto. Farcirlo con la crema e ricoprirlo con la meringa, aiutandosi con il cucchiaio per formare dei ciuffetti decorativi. Cuocere in forno statico a 180 °C per 15 minuti. Quando la torta è pronta, farla raffreddare e lasciarla in frigo per un'oretta prima di servire.

la meringa nello stampo...

... e poi cotta

PAVLOVA ESOTICA

Questo dolce di meringa e frutta esotica è una festa per gli occhi e per il palato. Se volete stupire i vostri ospiti, è il dessert che fa per voi.

INGREDIENTI

per 6 persone:

- 160 g di zucchero
- 250 ml di panna montata
- 3 albumi
- 2 frutti della passione
- 1 mango
- 1 papaya
- 1 cucchiaio di succo di limone
- scorza grattugiata di 1 lime non trattato

Montare gli albumi a neve aggiungendo lo zucchero poco per volta fino a ottenere un bel composto per meringa lucido e sodo. Mettere soltanto l'anello di uno stampo a cerniera su una teglia rivestita di carta forno e trasferire a cucchiaiate la meringa nello stampo, che servirà a mantenere una forma circolare e regolare. Togliere delicatamente lo stampo e cuocere il guscio di meringa in forno a 80 °C per 2 ore e 15 minuti. Quando la meringa è pronta e raffreddata, tagliare il mango e la papaya a cubetti, condirli con il succo di limone, la polpa dei frutti della passione e la scorza di lime. Montare la panna, ricoprire abbondantemente la meringa con la panna e completare con la frutta esotica.
Un suggerimento di Miguel Casas: prima di cuocere la meringa, lasciarla riposare 10 minuti a temperatura ambiente, dopo averle dato la forma. In questo modo otterrete una consistenza più asciutta.

NEW YORK CHEESECAKE

INGREDIENTI

per 8 persone:

- 400 g di robiola
- 300 g di biscotti secchi
- 300 g di ricotta
- 200 g di zucchero
- 200 g di marmellata di fragole e fragoline di bosco
- 80 g di burro
- 40 g di yogurt bianco
- 150 ml di panna fresca
- 4 uova
- 4 cestini di fragole
- 1 cucchiaino di miele
- 1 baccello di vaniglia
- 1 cucchiaio di farina
- scorza grattugiata di 1 limone non trattato
- cannella qb

Sono anni che preparo questa cheesecake classica e, senza voler peccare di superbia, mi sento di poter dire che è la più buona che io abbia mai assaggiato! Provatela anche voi.

Frullare nel mixer i biscotti con il burro fuso, il miele e la cannella. Versare il composto sul fondo di uno stampo a cerniera con la base rivestita di carta forno, compattando bene i biscotti anche sulle pareti e formando il guscio della torta. Preparare la crema mescolando in una ciotola i formaggi con lo zucchero, la panna e lo yogurt. Unire la scorza del limone, i semi di vaniglia (che raschierete con la punta di un coltello dal baccello aperto a libro) e le uova. In ultimo incorporare la farina. Trasferire il composto sulla base della cheesecake e cuocere in forno a 165 °C per un'ora. Fare raffreddare, prima a temperatura ambiente, poi in frigorifero per almeno 2 ore. Prima di servire, completare con uno strato di marmellata e di fragole fresche.

il caramello e...

... il composto negli stampini

CRÈME CARAMEL AL COCCO

La mia mamma è una vera esperta in fatto di crème caramel. Il suo è sicuramente il migliore di tutti. Non riuscendo a superarla, ho però deciso di stupirla con una piccola variante preparata con il cocco.

INGREDIENTI

per 6 persone:

Per il caramello

- 100 g di zucchero
- 4 cucchiai di acqua

Per la crema

- 50 g di zucchero
- 400 ml di latte di cocco
- 3 uova
- 1 fialetta di aroma di vaniglia

Per guarnire

- cocco rapè qb

In un pentolino far caramellare lo zucchero con l'acqua. Lasciar cuocere a fuoco medio senza mescolare. Quando il caramello avrà raggiunto un bel colore ambrato, con delicatezza versarne un po' sulla base di ogni stampino. In una ciotola a parte sbattere rapidamente le uova con lo zucchero, l'aroma di vaniglia e il latte di cocco. Distribuire il composto negli stampini sopra lo strato di caramello. Disporre gli stampini in una teglia dai bordi alti riempita a metà con acqua calda e cuocere in forno, a bagnomaria, a 160 °C per 35-40 minuti. Quando il crème caramel è pronto, lasciarlo intiepidire, quindi trasferirlo in frigo. Tostare leggermente il cocco rapè in padella. Al momento di servire, trasferire i crème caramel in un piatto da portata e completare con una spolverizzata di cocco.

CHEESECAKE ALLO YOGURT E CIOCCOLATO BIANCO

INGREDIENTI

per 6 persone:

- 360 g di yogurt alla ciliegia
- 200 g di biscotti secchi
- 100 g di burro fuso
- 100 g di cioccolato bianco
- 80 g di zucchero
- 12 g di gelatina in fogli
- 400 ml di panna vegetale
- 2 cucchiai di latte
- 1 cestino di lamponi freschi
- 1 cucchiaio di miele

Questa è una cheesecake da frigo, che si rassoda con il freddo. Fresca, buona, sfiziosa e... perfetta per l'estate!

Frullare nel mixer i biscotti con il burro e il miele. Trasferire il composto sul fondo di una tortiera rivestita di carta forno. Formare il guscio della cheesecake compattando bene i biscotti sulla base e sulle pareti dello stampo, quindi cuocere in forno a 180 °C per 8-10 minuti. Scaldare il latte, ammollare la gelatina in acqua fredda, poi strizzarla bene e scioglierla nel latte caldo. Montare la panna e incorporarla allo yogurt, aggiungendo anche lo zucchero e il latte, quindi versare la crema sul fondo della cheesecake. Raffreddare la torta in frigorifero per 2-3 ore. Una volta fredda, cospargere con il cioccolato in scaglie (potete usare la grattugia con il foro per le carote a julienne o un pelapatate) e completare con i lamponi interi.

la polpa dei frutti per guarnire

la sfoglia con il caffè

MOUSSE APPASSIONATA

Stendere la pasta sfoglia, spennellarla con l'uovo sbattuto e cospargerla con un po' di zucchero. Ritagliare delle strisce, spolverizzarle con il caffè e dividerle a metà, quindi stendere le sfogliatine sulla teglia con la carta forno e cuocerle in forno ventilato a 180 °C per 7 minuti circa. Nel frattempo preparare la mousse: raccogliere in una ciotola la polpa di due frutti della passione, poi filtrarne il succo con un colino e mescolarlo con il latte condensato, quindi unire anche la panna, montata in una ciotola a parte. Trasferire il tutto nei bicchieri. Svuotare i frutti della passione rimasti e usare la polpa per decorare la mousse. Servire con le sfogliatine al caffè come accompagnamento.

INGREDIENTI

per 4 persone:

- 200 ml di panna vegetale
- 200 ml di latte condensato zuccherato
- 4 frutti della passione

Per le sfogliatine al caffè

- 1 rotolo di pasta sfoglia
- 2-3 cucchiai di zucchero
- 1 uovo
- caffè macinato qb

Adoro questa mousse perché adoro il frutto della passione. Il suo gusto acidulo si sposa alla grande con la texture cremosa del latte condensato e risulta gradevolissimo a fine cena. Non c'è bisogno di far riposare la mousse prima di servirla.

COLOMBA TIRAMISÙ

Con questa ricetta del riciclo, vi verrà voglia di festeggiare la Pasqua una volta al mese!

INGREDIENTI

per 6 persone:

- 400 g di colomba
- 250 g di mascarpone
- 125 g di yogurt bianco
- 60 g di zucchero
- 150 ml di latte
- 1 bustina di zafferano
- 1 bustina di vanillina

Mescolare lo yogurt con il mascarpone e lo zucchero. Stemperare lo zafferano in poco latte e unirlo alla crema. Sciogliere la vanillina nel resto del latte. Sporcare il fondo di una teglia dai bordi alti con un po' di crema, quindi comporre il tiramisù alternando le fette di colomba, prima inzuppate nel latte aromatizzato alla vaniglia, con la crema di mascarpone. Completare il tiramisù cospargendo l'ultimo strato di crema con le mandorle e la crosticina della colomba sbriciolate e tostate in padella. Far riposare in frigorifero per almeno un'ora prima di servire.

TIRAMISÙ ALLA NUTELLA

Tiramisù con Nutella e mascarpone: devo forse aggiungere altro?

INGREDIENTI

per 6 persone:

- 100 g di Nutella
- 100 g di mascarpone
- 80 g di biscotti tipo Savoiardi o Pavesini
- 3 tuorli
- 3 cucchiai di zucchero
- 3 tazze di caffè espresso
- 1 albume
- granella di nocciole qb

Sbattere i tuorli con lo zucchero. Unire la Nutella, il mascarpone e l'albume montato a neve. Bagnare i biscotti nel caffè, quindi comporre il tiramisù alternando strati di crema e strati di biscotti. Completare l'ultimo strato con la crema e la granella di nocciole.

i mirtilli nelle cocotte...

... e ricoperti di crema

CRÈME BRÛLÉE AI MIRTILLI

La creme brûlée è uno dei miei dessert preferiti. Adoro la crosticina caramellata che bisogna rompere con il cucchiaio. Questa versione con i mirtilli, leggermente acidula, è perfetta per l'estate.

INGREDIENTI

per 6 persone:

- 400 g di mirtilli
- 150 g di zucchero
- 80 g di zucchero di canna
- 300 ml di panna fresca
- 4 uova
- succo di 3 limoni
- scorza grattugiata di 1 limone non trattato

Sbattere le uova con lo zucchero. Unire il succo e la scorza del limone grattugiato insieme alla panna non montata. Amalgamare bene, quindi disporre i mirtilli sulla base delle cocotte che riempirete di crema. Non preoccupatevi se i mirtilli tenderanno ad affiorare in superficie: va benissimo così. Sistemare le cocotte in una teglia da forno dai bordi alti riempita con uno strato di acqua calda e cuocere in forno a 150 °C per 30 minuti, a bagnomaria. Una volta pronte, lasciar raffreddare le cocotte alla crema, quindi spolverizzarle con lo zucchero di canna e ripassarle al grill per qualche minuto prima di servire.

CRUMBLE DI PRUGNE

Le prugne, acidule e morbide, creano un equilibrio perfetto con il crumble, dolce e croccante.

Tagliare le prugne a pezzi e insaporirle con il chiodo di garofano pestato, lo zenzero, la cannella e lo zucchero di canna. Distribuire le prugne condite nei pirottini. Per il crumble, mescolare le farine con le noci tritate, quindi unire lo zucchero, il burro tagliato a pezzettini e lavorare il tutto con la punta delle dita in modo da ottenere delle briciole piccole. Ricoprire con il crumble i pirottini di frutta senza schiacciare. Cuocere in forno ventilato a 200 °C per 30 minuti. Non appena le prugne cominceranno a caramellare, e quindi a fare un po' di bollicine sul bordo dei pirottini, il crumble è pronto! Servire tiepido, spolverizzando con un po' di zucchero a velo.

INGREDIENTI

per 8 persone:

- 800 g di prugne nere
- 4 cucchiai di zucchero di canna
- 1 chiodo di garofano
- 1 cucchiaino di zenzero in polvere
- ½ cucchiaino di cannella

Per il crumble

- 120 g di burro
- 100 g di farina integrale
- 80 g di farina
- 40 g di zucchero di canna
- 3 noci
- zucchero a velo qb

TORTA DI MELE AL CUCCHIAIO

Sbucciare le mele e privarle del torsolo, quindi tagliarle grossolanamente e metterle in una pentola. Aggiungere il burro e lo zucchero e cuocere il tutto per una mezzora, fino a ottenere una purea. Lasciar raffreddare, quindi incorporare alla purea di mele anche la farina, le uova e il lievito. Trasferire l'impasto in una tortiera imburrata e infarinata, o rivestita di carta forno. Cuocere in forno a 180 °C per 45-50 minuti. Completare con una spolverizzata di zucchero a velo.

Questa torta di mele è una delle migliori che io abbia mai mangiato. Le mele cotte nel burro e nello zucchero si trasformano in qualcosa che assomiglia molto alla crema pasticciera. Quasi un prodigio che bisogna assolutamente provare. La ricetta è di Patrizia, che ringrazio di cuore.

INGREDIENTI

per 10 persone:

- 2 kg di mele
- 150 g di burro
- 150 g di zucchero
- 7 cucchiai di farina
- 3 uova
- 1 bustina di lievito per dolci
- zucchero a velo qb

la panna montata e le ciliegie frullate

la crema pronta
per il frigorifero

BAVARESE ALLE CILIEGIE

D'estate è bello usare la frutta anche nei dolci. Forse il colore di questa bavarese non è acceso come la buccia della ciliegia, ma ad accendervi il palato, in compenso, ci penserà il gusto!

INGREDIENTI

per 6 persone:

- 250 g di ciliegie
- 250 g di panna fresca
- 100 g di zucchero
- 10 g di gelatina in fogli

Ammollare la gelatina in acqua fredda. Nel frattempo frullare le ciliegie denocciolate con lo zucchero. In un'altra ciotola montare la panna e tenerla da parte. Strizzare la gelatina e farla sciogliere in poca acqua bollente (2-3 cucchiai), quindi unirla al frullato di ciliegie e lasciar raffreddare finché non inizierà a rapprendersi. Incorporare poi la panna montata mescolando delicatamente. Trasferire il composto in uno stampo. Far rassodare la bavarese in frigorifero per almeno 3 ore prima di servire.

io e Matilde

RINGRAZIAMENTI

Molto Bene è il frutto di un bellissimo lavoro di squadra partito in tv con il programma in onda su Real Time e concluso con le pagine di questo libro. Il primo grazie va a Lorenzo Boni e Miguel Casas, per me gli chef più bravi del mondo! Grazie a Francesca Di Maio, Caterina Varvello e Carolina Martellino per aver formato una redazione fortissima, piena di idee e di ricette irresistibili. Grazie a Daniele Baroni, instancabile e sempre sul pezzo, grazie a Barbara Boncompagni per i suoi preziosi consigli, a Flaminia Blasi e, in rappresentanza di tutta la meravigliosa famiglia di Real Time di cui faccio parte, grazie di cuore a Nicole Morganti.
Ma questo libro non esisterebbe senza il lavoro impeccabile e appassionato di Marina Mercuriali, Patrizia Segre e Rossella Biancardi. Super amiche e super professioniste: con loro il lavoro diventa un vero piacere!
Un grazie particolare a Giusi Battaglia, grande amica e formidabile ufficio stampa. Grazie al mio agente Marco Miana che mi accompagna fin dall'inizio di questa avventura meravigliosa.
Grazie a Francesca La Torre e Lorella Marchetti, irrinunciabili "trucco e parrucco" e irrinunciabili amiche. Grazie a Emanuela Suma, compagna di centinaia di outfit vincenti! Grazie a Gloria La Torre, giovane e talentuosa scenografa. E un grazie pieno di amore alla mia famiglia che mi sostiene, mi consiglia e mi sprona in tutte le mie scelte.

SOMMARIO DETTAGLIATO

INDICE DEGLI INGREDIENTI

ZUCCHERO A VELO

ZUCCHERO DI CANNA

ZUCCHINE

INDICE DELLE PORTATE

ANTIPASTI E PANE

PRIMI

SECONDI

PIATTI UNICI

DOLCI

Finito di stampare nel mese di agosto 2014
presso Grafica Veneta, Trebaseleghe (Padova)

ASCIUTTA & SUGHI PASTASCIUTTA & SUGHI PASTASC

PRIMI AL FORNO PRIMI AL FORNO PRIM

A FRESCA & GNOCCHI PASTA FRESCA & GNOCCHI PASTA

OTTI & ZUPPE RISOTTI & ZUPPE

NE, PIZZA & PANINI PANE, PIZZA & PANINI PANE, PIZZA

NACK & STUZZICHINI SALATI SNACK & STUZZICHINI SALAT

ORTE SALATE TORTE SALATE T

LATE & CONTORNI INSALATE & CONTORNI INSA

OSTI & POLPETTONI ARROSTI & POLPETTONI ARROSTI

EDINI, INVOLTINI & BOCCONCINI SPIEDINI, INVO

ETTE & CROCCHETTE POLPETTE & CROCCHETTE POLPET

ATTI UNICI PIATTI UNICI PIA

, FRITTATE & FRITTELLE FRITTI, FRITTATE & FRITT

CROSTATE TORTE & CROSTATE T

ETTI & BISCOTTI MUFFIN, DOLCETTI & BISCOTTI MUFFIN, DOLC

OLCI AL CUCCHIAIO DOLCI AL CUCCHIAIO DOL

ASCIUTTA E SUGHI PASTASCIUTTA E SUGHI PASTAS

PRIMI AL FORNO PRIMI AL FORNO PRIM

A FRESCA E GNOCCHI PASTA FRESCA E GNOCCHI PASTA

OTTI E ZUPPE RISOTTI E ZUPPE

NE, PIZZA & PANINI PANE, PIZZA & PANINI PANE, PIZZ

NACK & STUZZICHINI SALATI SNACK & STUZZICHINI SALA

ORTE SALATE TORTE SALATE T